学研 毎日のドリル

できたよ★シート

べんきょうが おわった ページの ばんごうに
「できたよシール」を はろう!

なまえ

スタート
がんばるぞ!
1
2
3
4
5
6
かくにんテスト
7
8
9
10
11
かくにんテスト
12
13
14
15
その ちょうし!
16
かくにんテスト
17
18
19
20
もうすぐ はんぶん!
21
22
かくにんテスト
23
24
25
26
27
28
かくにんテスト
29
30
31
あと ちょっと!
32
33
かくにんテスト
34
35
36
37
38
かくにんテスト
39
まとめテスト
42
ゴール

学研

毎日のドリルの特長

やりきれるから自信がつく！

1日1枚の勉強で、学習習慣が定着！

◎目標時間に合わせ、無理のない量の問題数で構成されているので、「1日1枚」やりきることができます。

◎解説が丁寧なので、まだ学校で習っていない内容でも勉強を進めることができます。

すべての学習の土台となる「基礎力」が身につく！

◎スモールステップで構成され、1冊の中でも繰り返し練習していくので、確実に「基礎力」を身につけることができます。「基礎」が身につくことで、発展的な内容に進むことができるのです。

◎教科書の学習ポイントをおさえられ、言葉の力や表現力も身につけられます。

勉強管理アプリの活用で、楽しく勉強できる！

◎設定した勉強時間にアラームが鳴るので、学習習慣がしっかりと身につきます。

◎時間や点数などを登録していくと、成績がグラフ化されたり、賞状をもらえたりするので、達成感を得られます。

◎勉強をがんばると、キャラクターとコミュニケーションを取ることができるので、日々のモチベーションが上がります。

学研

毎日のドリルの使《つか》い方《かた》

1 1日《にち》1枚《まい》、集中《しゅうちゅう》して解《と》きましょう。

◎1回分《かいぶん》は、1枚《まい》（表《おもて》と裏《うら》）です。

1枚《まい》ずつはがして使《つか》うこともできます。

◎目標時間《もくひょうじかん》を意識《いしき》して解《と》きましょう。

アプリのストップウォッチなどで、かかった時間《じかん》を計るとよいでしょう。

・「かくにんテスト」　ここまでの内容《ないよう》が身《み》についたかを確認《かくにん》しましょう。

・「まとめテスト」　最後《さいご》に、この本の内容《ないよう》を総復《そうふく》習《しゅう》しましょう。

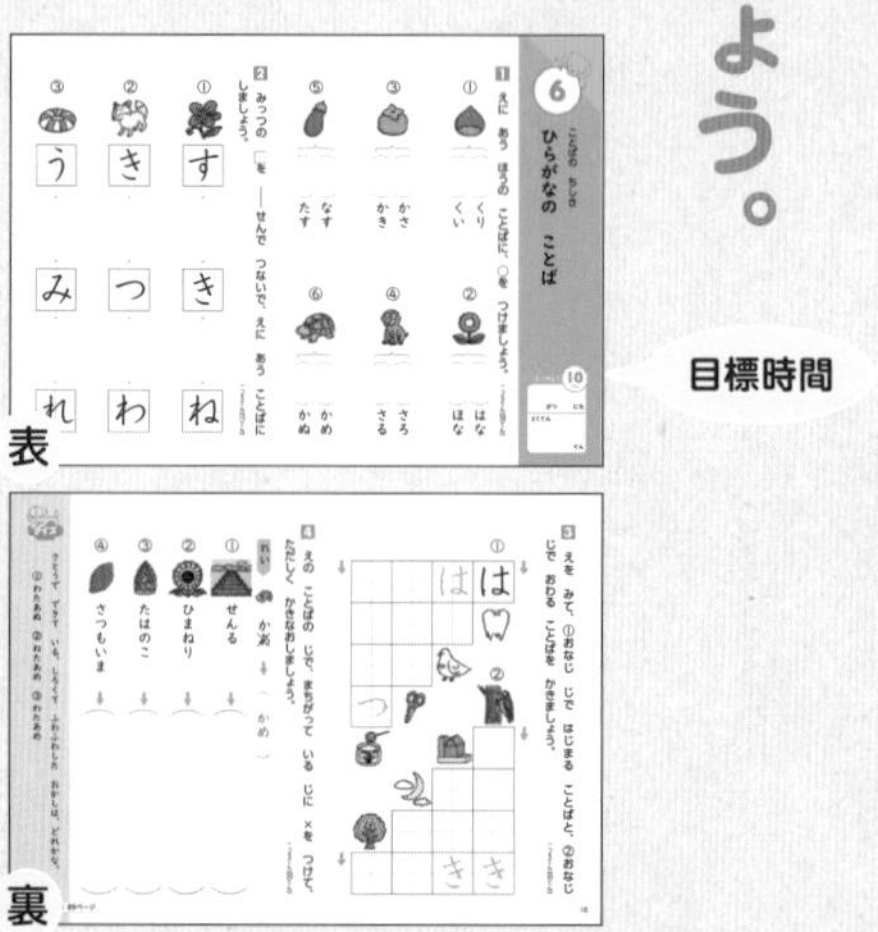

目標時間
表
裏

書く力
・文《ぶん》を書《か》くときに役立《やくだ》つ表現力《ひょうげんりょく》がつく問題《もんだい》です。

読む力
・文章《ぶんしょう》を読《よ》むときに役立《やくだ》つ言葉《ことば》の力《ちから》がつく問題《もんだい》です。

2 おうちの方《かた》に、答《こた》え合《あ》わせをしてもらいましょう。

・本《ほん》の最後《さいご》に、「答《こた》えとアドバイス」があります。

・答《こた》え合《あ》わせをして、点数《てんすう》をつけてもらいましょう。

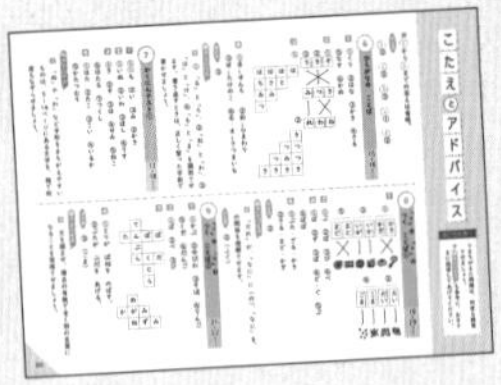

こたえとアドバイス

3 「できたよシート」に、「できたよシール」をはりましょう。

・勉強《べんきょう》した回《かい》の番号《ばんごう》に、好《す》きなシールをはりましょう。

できたよシート

4 アプリに得点《とくてん》を登録《とうろく》しましょう。

・アプリに得点《とくてん》を登録《とうろく》すると、成績《せいせき》がグラフ化《か》されます。

・勉強《べんきょう》すると、キャラクターが育《そだ》ちます。

できなかった問題《もんだい》を解《と》き直《なお》すと、より力《ちから》がつくよ！

※本書では、一般的な教育用の書体を使用しています。

無料ダウンロード

毎日のドリル 勉強管理アプリ

アプリといっしょだと，ドリルが楽《たの》しく進《すす》む!?

毎日のドリル 勉強管理アプリ

「毎日《まいにち》のドリル」シリーズ専用《せんよう》，スマートフォン・タブレットで使《つか》える無料《むりょう》アプリです。
1つのアプリでシリーズすべてを管理《かんり》でき，学習習慣《がくしゅうしゅうかん》が楽《たの》しく身《み》につきます。

1 「毎日《まいにち》のドリル」の学習《がくしゅう》を徹底《てってい》サポート！

毎日《まいにち》の勉強《べんきょう》タイムをお知《し》らせする「タイマー」

かかった時間《じかん》を計《はか》る「ストップウォッチ」

勉強《べんきょう》した日《ひ》を記録《きろく》する「カレンダー」

入力《にゅうりょく》した得点《とくてん》を「グラフ化《か》」

勉強中《べんきょうちゅう》
0分09秒
目標：10分00秒
目標時間《もくひょうじかん》を意識《いしき》しよう！

2 キャラクターと楽《たの》しく学《まな》べる！

好《す》きなキャラクターを選《えら》ぶことができます。勉強《べんきょう》をがんばるとキャラクターが育《そだ》ち，「ひみつ」や「ワザ」が増《ふ》えます。

べんきょう がんばるっきゅ～
28

3 1冊《さつ》終《お》わると，ごほうびがもらえる！

ドリルが1冊終《さつお》わるごとに，賞状《しょうじょう》やメダル，称号《しょうごう》がもらえます。

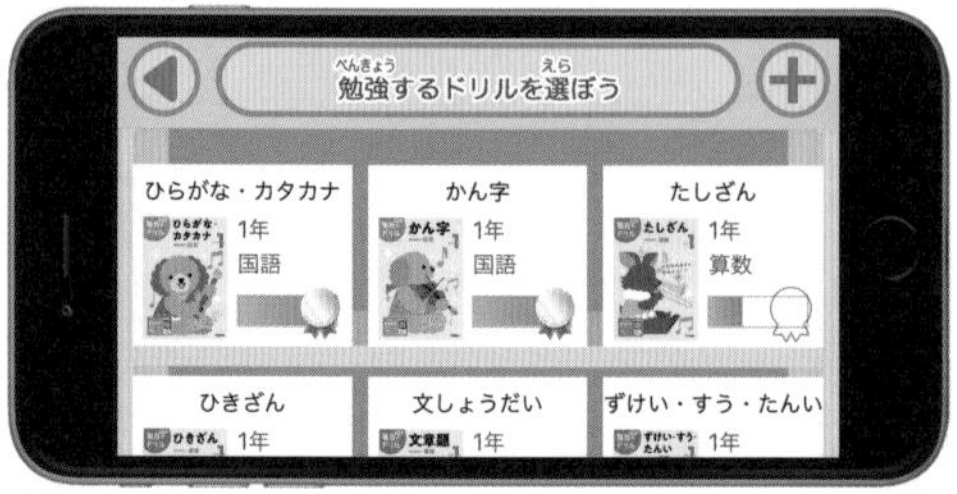

勉強《べんきょう》するドリルを選《えら》ぼう
ひらがな・カタカナ
1年
国語
かん字
1年
国語
たしざん
1年
算数
ひきざん
1年
文しょうだい
1年
ずけい・すう・たんい
1年

これは やる気《き》が でるっきゅ！

4 漢字《かんじ》と英単語《えいたんご》のゲームにチャレンジ！

ゲームで，どこでも手軽《てがる》に，楽《たの》しく勉強《べんきょう》できます。漢字《かんじ》は学年別《がくねんべつ》，英単語《えいたんご》はレベル別《べつ》に構成《こうせい》されており，ドリルで勉強《べんきょう》した内容《ないよう》の確認《かくにん》にもなります。

漢字のよみがなを当てよう
自己《じこ》ベスト更新《こうしん》を目指《めざ》そう！
口
王
天
人
おう
ひと
くち
てん
0分14秒
river
cat
egg
かわ
ネコ
さかな

アプリの無料《むりょう》ダウンロードはこちらから！
https://gakken-ep.jp/extra/maidori/

【推奨環境】
■ 各種Android端末：対応OS Android6.0以上　※対応OSであっても,Intel CPU (x86 Atom)搭載の端末では正しく動作しない場合があります。
■ 各種iOS(iPadOS)端末：対応OS iOS10以上　※対応OS や対応機種については,各ストアでご確認ください。
※お客様のネット環境および携帯端末によりアプリをご利用できない場合,当社は責任を負いかねます。
また,事前の予告なく,サービスの提供を中止する場合があります。ご理解,ご了承いただきますよう,お願いいたします。

1

ことばの ちしき

あいうえお かきくけこ

もくひょう 10ぷん

がつ にち

とくてん てん

ゆびで なぞりましょう。

あ（1 2 3 とめる はらう とめる）

い（1 2 はねる とめる）

う（1 2 とめる はらう）

え（1 2 とめる とめる）

お（1 2 3 とめる はらう）

じを かきましょう。

かきじゅん	
一 ナ あ	あ
い い	い
゛ う	う
゛ え	え
一 お お	お

1 じを かきましょう。 一つ5てん【50てん】

① あし
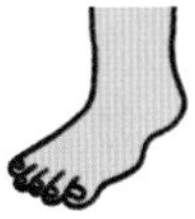
□ し

② あり

□ り

③ いす
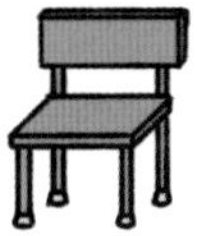
□ す

④ かい

か □

⑤ うま

□ ま

⑥ うみ

□ み

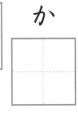

⑦ えき

□ き

⑧ えり

□ り

⑨ おに

□ に

⑩ かお

か □

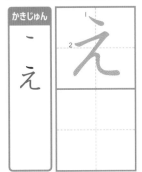

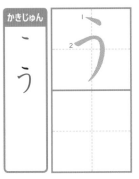

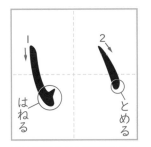

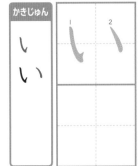

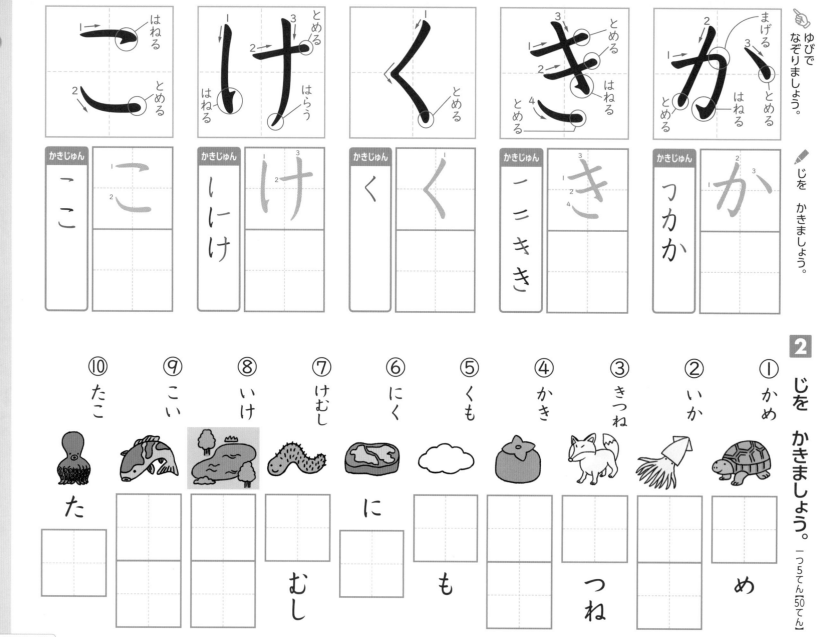

ゆびで なぞりましょう。

か（1 2 3　まげる　とめる　はねる　とめる）

き（1 2 3 4　とめる　はねる　とめる）

く（1　とめる）

け（1 2 3　とめる　はねる　はらう）

こ（1 2　はねる　とめる）

じを かきましょう。

かきじゅん	
つ カ か	か
一 ニ キ き	き
く	く
l lー け	け
⁻ こ	こ

2 じを かきましょう。 一つ5てん【50てん】

① かめ

□め

② いか

③ きつね

□つね

④ かき

⑤ くも

□も

⑥ にく

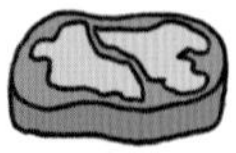

に□

⑦ けむし

□むし

⑧ いけ

⑨ こい

⑩ たこ

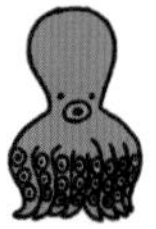

た□

クイズ

「□□し」「□もめ」「すい□」の、どの □にも はいる じは どれかな。

①う ②か ③こ

こたえ ▶ 89ページ

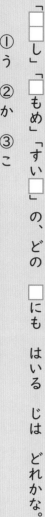

2 ことばの ちしき
さしすせそ たちつてと

もくひょう 10ぷん

がつ　にち

とくてん　　てん

ゆびで なぞりましょう。

さ：1、2（とめる）、はねる、3、とめる

し：1、まげる、はらう

す：1、2（とめる）、はらう

せ：1、2、3、はねる、とめる

そ：1、とめる、まるめる

じを かきましょう。

かきじゅん　一　ㄘ　さ　｜　さ

かきじゅん　し　｜　し

かきじゅん　一　す　｜　す

かきじゅん　一　十　せ　｜　せ

かきじゅん　そ　｜　そ

1 じを かきましょう。　一つ5てん【50てん】

① さる

□る

② かさ

□□

③ しか

□□

④ うし

□□

⑤ すし

□□

⑥ なす
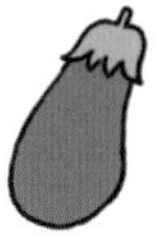
な□

⑦ せみ
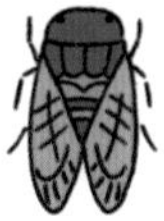
□み

⑧ みせ

み□

⑨ そり

□り

⑩ へそ

へ□

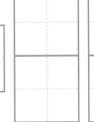

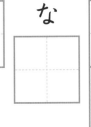

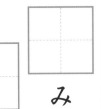

ゆびで なぞりましょう。

た（1 2 3 4　とめる　とめる　とめる）

ち（1 2　とめる　はらう）

つ（1　まげる　はらう）

て（1　とめる）

と（1 2　まるめる　とめる）

じを かきましょう。

かきじゅん	た	ち	つ	て	と
	一 ナ た た	一 ち	つ	て	丶 と

2 じを かきましょう。

一つ5てん【50てん】

① たい

② はた

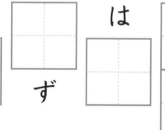

は□

③ ちず

□ず

④ はち

は□

⑤ つき

⑥ つくし

□くし

⑦ てがみ

□がみ

⑧ てら

□ら

⑨ とら

□ら

⑩ とり

□り

クイズ

「□ぬき」「□□み」「か□」の、どの □にも はいる じは どれかな。

①せ　②た　③と

こたえ ▶ 89ページ

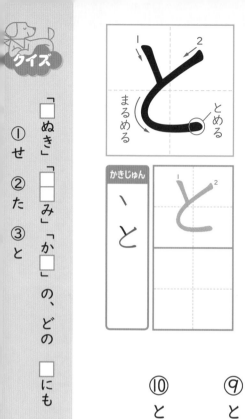

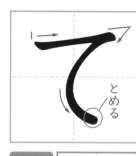

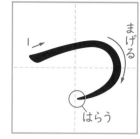

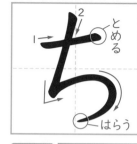

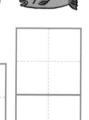

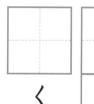

3 ことばの ちしき なにぬねの はひふへほ

もくひょう 10ぷん

がつ にち

とくてん てん

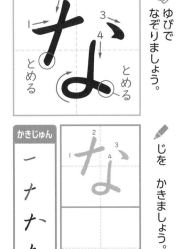

ゆびで なぞりましょう。

な　とめる　とめる

に　はねる　とめる

ぬ　とめる　とめる

ね　とめる　とめる

の　はらう

じを かきましょう。

かきじゅん　一 ナ ナ な　な

かきじゅん　l に に　に

かきじゅん　ヽ ぬ　ぬ

かきじゅん　l ね　ね

かきじゅん　の　の

1 じを かきましょう。 一つ5てん【50てん】

① なし

② なべ

□べ

③ にじ

□じ

④ かに

⑤ ぬの

⑥ いぬ

⑦ ねこ

⑧ ふね

ふ□

⑨ のはら

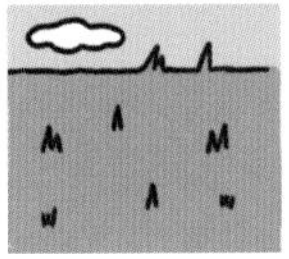

□はら

⑩ のり

□り

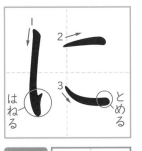

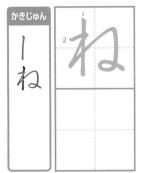

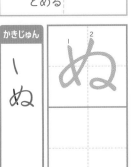

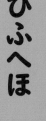

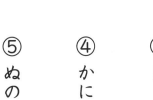

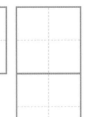

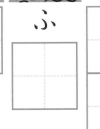

ゆびで なぞりましょう。

は（1、2、3　はねる　とめる）
ひ（1　まるめる　とめる）
ふ（1　はねる　2　3　はねる　4　とめる）
へ（1　とめる）
ほ（1　はねる　2　3　4　とめる）

じを かきましょう。

かきじゅん　は：ｌ　ｌ一　は
かきじゅん　ひ：ひ
かきじゅん　ふ：、　ぅ　ふ　ふ
かきじゅん　へ：へ
かきじゅん　ほ：ｌ　ｌ一　ｌ＝　ほ

2 じを かきましょう。

一つ5てん【50てん】

① はし

② はな

③ ひも

□も

④ ひよこ

□よこ

⑤ ふえ

⑥ ふく

⑦ へちま

□ちま

⑧ へび

□び

⑨ ほし

⑩ ほん

□ん

クイズ

「□さみ」「□んこ」「の□ら」の、どの□にも はいる じは どれかな。

①な　②の　③は

こたえ ▶ 89ページ

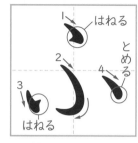

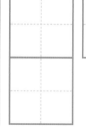

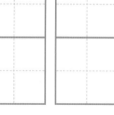

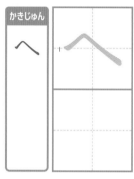

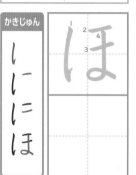

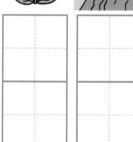

4 ことばの ちしき

まみむめも やゆよ

もくひょう 10ぷん

がつ にち

とくてん てん

ゆびで なぞりましょう。

ま（1 2 3 とめる）

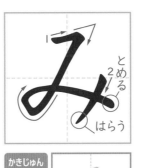

み（1 2 とめる はらう）

む（1 2 3 とめる）

め（1 2 とめる はらう）

も（1 2 3 とめる はらう）

じを かきましょう。

かきじゅん 一 ニ ま

かきじゅん み み

かきじゅん 一 む む

かきじゅん 丨 め

かきじゅん し も も

1 じを かきましょう。 一つ5てん【50てん】

① まめ

② こま

③ みみ
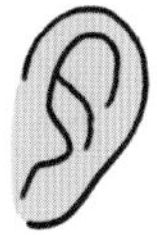

④ あみ

⑤ むし

⑥ むら

ら

⑦ あめ

⑧ つめ
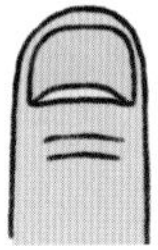

⑨ もも

⑩ もり

り

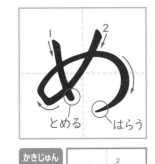

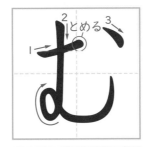

ゆびで なぞりましょう。

じを かきましょう。

や
まげる
とめる
かきじゅん
つ う や

「や」の にかくめの てん（﹅）は、はねるよ。

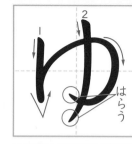

ゆ
はらう
かきじゅん
ν ゆ ゆ

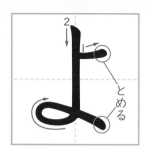

よ
とめる
かきじゅん
- よ

「よ」の にかくめは、うえに つきでるよ。ちゅういしてね。

2 じを かきましょう。 一つ5てん【50てん】

① やさい

□さい

② やね
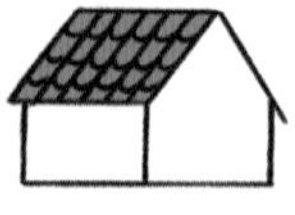
□□

③ やま

□□

④ はなや

はな□

⑤ ゆき

□□

⑥ ゆみ

□□

⑦ ゆり

□り

⑧ ふゆ
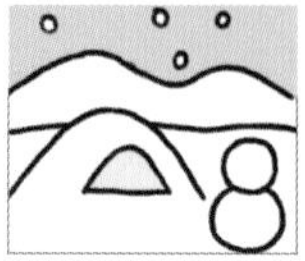
□□

⑨ よつば

□つば

⑩ よる

□る

クイズ

「□つり」「□くら」「くる□」の、どの □にも はいる じは どれかな。

①ま ②も ③や

こたえ ▶ 89ページ

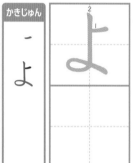

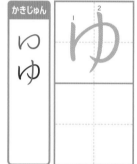

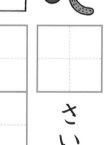

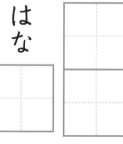

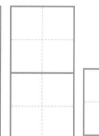

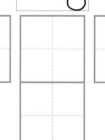

5

ことばの ちしき らりるれろ わをん

もくひょう 10 ぷん

がつ にち

とくてん てん

ゆびで なぞりましょう。

ら はらう

り はねる はらう

る まるめる

れ とめる

ろ はらう

じを かきましょう。

かきじゅん ら

かきじゅん り

かきじゅん る

かきじゅん れ

かきじゅん ろ

1 じを かきましょう。 一つ6てん【60てん】

① らくだ
② さら
③ りす
④ きりん
⑤ いるか
⑥ つる
⑦ れつ
⑧ はれ
⑨ ろば
⑩ ふろ

くだ　き　ん　い　か　ば

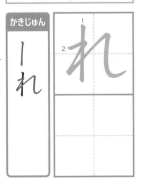

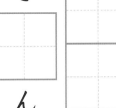

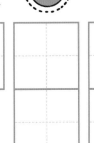

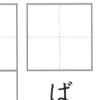

ゆびで なぞりましょう。

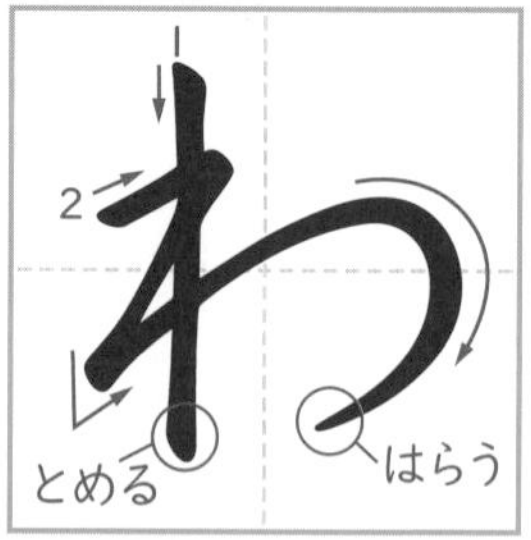

とめる
はらう

かきじゅん

「わ」は、「れ」と じの かたちが にて いるから、ちゅういしてね。

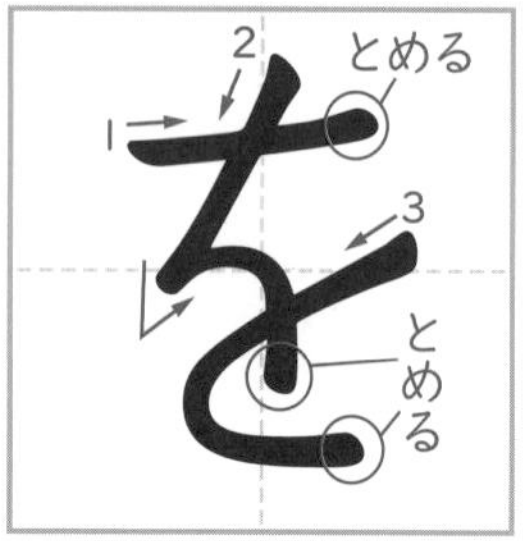

とめる
とめる
とめる

かきじゅん

「を」と「ん」は、ことばの はじめに くる ことは ないよ。

はらう

かきじゅん

じを かきましょう。

2 じを かきましょう。 一つ5てん【40てん】

① わかめ

かめ

② わし

③ わに

④ いわ

⑤ そらを とぶ。

そら
とぶ。

⑥ じを かく。

じ
かく。

⑦ みかん

みか

⑧ でんわ

で
わ

クイズ

「□す」「くす□」「ひか□」の、どの □にも はいる じは どれかな。

①ら ②り ③わ

こたえ ▶ 89ページ

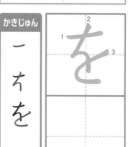

ことばの　ちしき

6 ひらがなの　ことば

もくひょう 10ぷん

がつ　にち

とくてん　てん

1 えに　あう　ほうの　ことばに、○を　つけましょう。〔一つ5てん【30てん】〕

①

（　）くり
（　）くい

②

（　）はな
（　）ほな

③

（　）かさ
（　）かき

④

（　）さろ
（　）さる

⑤

（　）なす
（　）たす

⑥

（　）かめ
（　）かぬ

2 みっつの □を ―せんで　つないで、えに　あう　ことばに　しましょう。〔一つ5てん【15てん】〕

①

す　き　ね

②

き　つ　わ

③

う　み　れ

3

えを みて、①おなじ じで はじまる ことばと、②おなじ じで おわる ことばを かきましょう。

一つ5てん【35てん】

4

えの ことばの じで、まちがって いる じに ×を つけて、ただしく かきなおしましょう。

一つ5てん【20てん】

れい  かあ → （かめ）

①  せんる → （　　）

②  ひまねり → （　　）

③  たはのこ → （　　）

④ 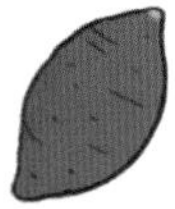 さつもいま → （　　）

クイズ

さとうで できて いる、しろくて ふわふわした おかしは、どれかな。

① わたあぬ　② ねたあめ　③ わたあめ

こたえ ▶ 89ページ

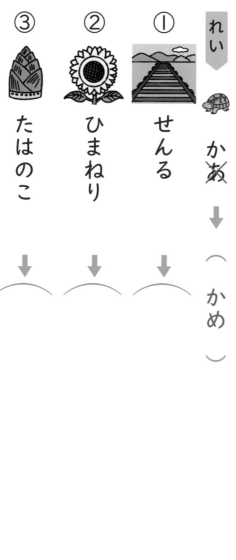

7 かくにんテスト①

なまえ

もくひょう 15ふん

がつ　にち

とくてん　てん

読む力

1 つぎの ぶんしょうを よんで、もんだいに こたえましょう。【20てん】

わたしは、おみせで、も(1)□と
す(2)□かと かさを かいました。
おみせの ひとが、(3)□かんを
ひとつ おまけに くれました。

① えに あう ぶんしょうに なるように、□に あう じを かきましょう。一つ5てん【15てん】

(1) □

(2) □

(3) □

② ――せんの ことばが、えに あう ことばに なるように、（　）に ただしく かきなおしましょう。（5てん）

（　　　）

2 えに あう ほうの ことばに、○を つけましょう。一つ5てん【20てん】

① いめ　いぬ

② いね　いわ

③ ほし　はし

④ りす　いす

3 えに あう ことばに なるように、□に あう じを かきましょう。

一つ5てん【35てん】

• ひとつの じの ことば

①  □

②  □

③  □

• ふたつの じの ことば

④ 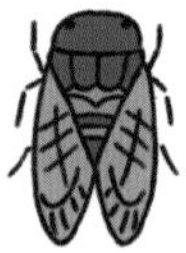 □□

⑤  □□

• みっつの じの ことば

⑥ 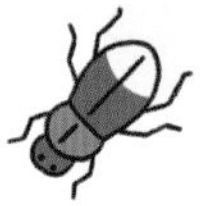 □□□

⑦  □□□

4 えを みて、□に あう じを かいて、しりとりを つくりましょう。

一つ5てん【25てん】

①  は□

② 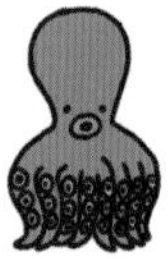 た□

③  こ□

④  □□か

⑤  □□□□り

こたえ ▶ 89ページ

8 「゛《てんてん》」や 「゜《まる》」の つく ことば①

もくひょう 10ぷん

がつ にち

とくてん てん

1 ことばと あう えを、—— せんで つなぎましょう。

一つ4てん【40てん】

① かき ・ かぎ ・

② たい ・ だい ・

③ いか ・ いが ・

④ こま ・ ごま ・

⑤ まと ・ まど ・

まず、えの ことばを こえに だして いって みよう。

2 □の じに 「゛《てんてん》」か 「゜《まる》」を つけて、えの ことばに しましょう。

一つ3てん【12てん】

①  ふ た

②  とん ほ

③  えん ひ っ

④  な へ

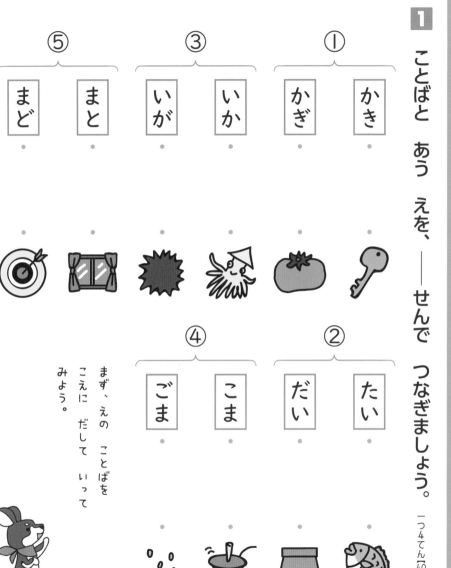

3 えを みて、□に あう じを かきましょう。

① 
か□

② 
す□め

③ 
さん□

④ 
□ん□り

⑤ 
てん□ら

⑥ 
たん□□

一つ4てん【24てん】

4 えに あう ぶんに なるように、□に あう ことばを、□から えらんで かきましょう。

一つ4てん【24てん】

① □□が、□□に □□を いれました。

② □□が、□□の □□を かけました。

かき かぎ さる ざる ふた ぶた まと まど

クイズ

「゛」（てんてん）を つけると、いきものの なまえに なるのは どれ？

①はね ②ふく ③ほん

こたえ ▶ 89ページ

9 「゛《てんてん》」や「゜《まる》」の つく ことば②

もくひょう 10ぷん

がつ　にち

とくてん　　てん

1 □の じの どれかに 「゛《てんてん》」を つけて、えに あう ことばに しましょう。

一つ5てん【30てん】

① 
かふ

② 
ゆひわ

③ 
そは

④ 
りんこ

⑤ 
くき

⑥ 
たんこ

2 □に 「゜《まる》」の つく じを かいて、えに あう ことばに しましょう。

一つ6てん【18てん】

① 
さん□

② 
はん□ん

③ 
えん□つ

「゜」の つく じは、「ぱぴぷぺぽ」だけだよ。

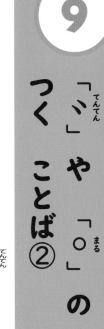

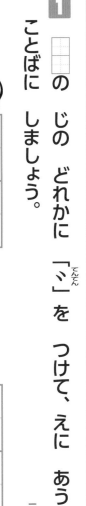

3

□に じを かいて、ことばの みちを つくりましょう。

ことば 一つ4てん【32てん】

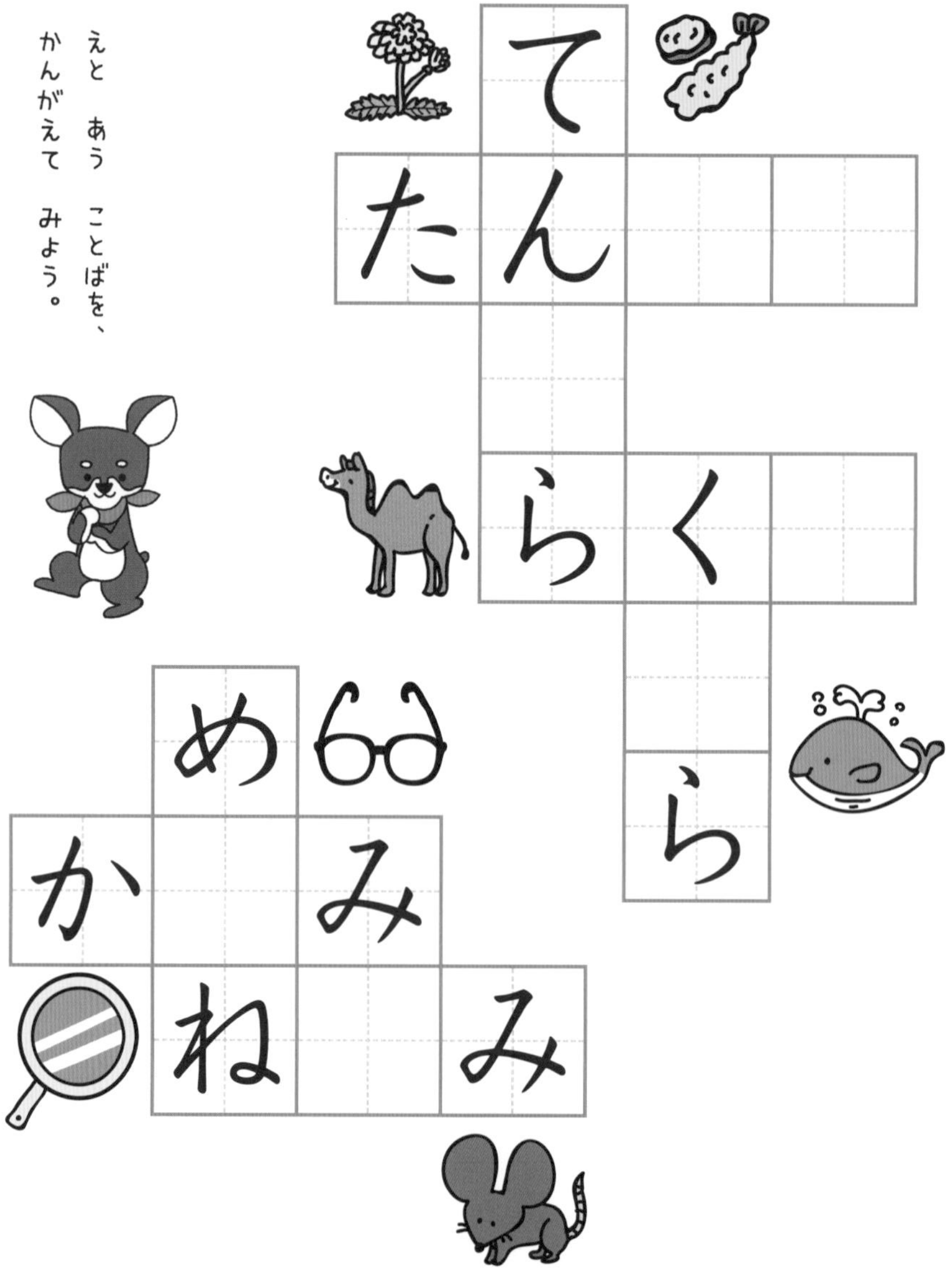

えと あう ことばを、かんがえて みよう。

書く力 4

えに あう ように、――せんの ことばを ただしく なおして、〔 〕に ぶんを かきなおしましょう。

一つ10てん【20てん】

① とりが はねを のばす。

〔　　　　〕

② ぶたが ふたを あげる。

〔　　　　〕

クイズ

「゛」（てんてん）を つけると、たべものの なまえに なるのは どれ？

① うす ② たい ③ こま

こたえ ▶ 89ページ

10 のばす おんの つく ことば①

もくひょう 10ぷん

がつ にち

とくてん てん

1 かきかたが ただしい ほうの ことばを、◯で かこみましょう。

一つ4てん【20てん】

① おかさん / おかあさん

② けいさん / けえさん

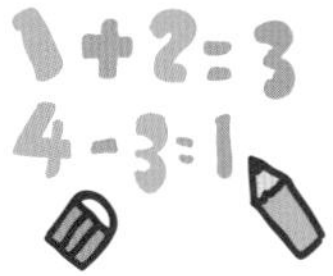

③ ゆひ / ゆうひ

④ おねえさん / おねいさん

⑤ ぶどう / ぶどお

のばして よむ ところを みつけてね。

2 □に あう ほうの じを、◯で かこみましょう。

一つ4てん【24てん】

① せんせ□ （い / え）

② こ□えん （う / お）

③ お□さま （う / お）

④ せんべ□ （い / え）

⑤ てつぼ□ （う / お）

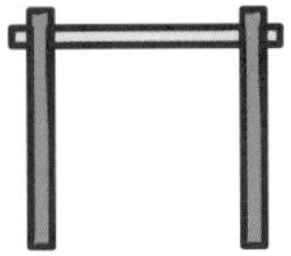

⑥ お□きい （う / お）

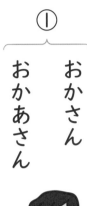

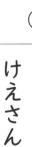

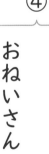

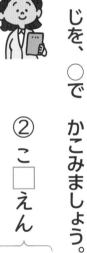

3 えを みて、□に あう じを かきましょう。

一つ4てん【24てん】

① 
おか□さん

② 
おに□さん

③ 
ふ□せん

④ 
おね□さん

⑤ 
こ□り

⑥ 
おと□さん

4 ——せんの じは、かきかたを まちがえて います。□に ただしく かきましょう。

一つ4てん【32てん】

① 
ええが □

② 
ろおそく □

③ 
おおむ □

④ 
おうかみ □

⑤ 
とけえ □

⑥ 
べんとお □

⑦ 
ほおき □

⑧ 
すいええ □

クイズ

へやを きれいに する ときに つかう どうぐは、なにかな。

① そじき ② そおじき ③ そうじき

こたえ ▶ 90ページ

11 のばす おんの つく ことば②

もくひょう 10ぷん

がつ にち

とくてん てん

1 「わたし」の かぞくの しゃしんです。①〜⑤の ひとの よびかたを、かきましょう。 一つ6てん【30てん】

① お□□さん

② お□□さん

③ □□□□

④ □□□□

⑤ お□□さん

2 えに あう ことばを かきましょう。 一つ6てん【24てん】

① 

② 

③ 

④ 

① す□□

② こ□□ぎ

③ ぼ□□

④ ふ□□□

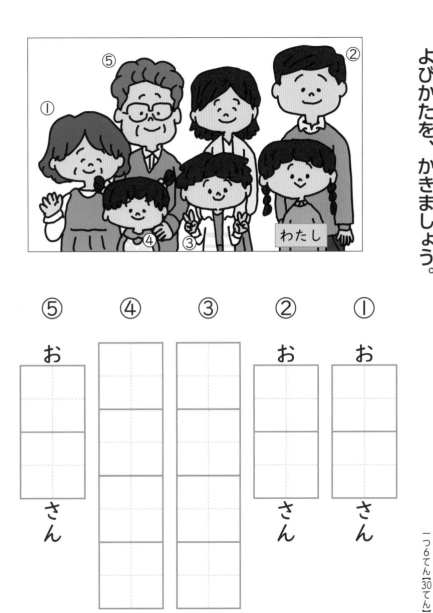

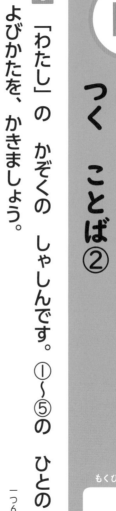

読む力

3

――せんの ことばは、かきかたが まちがって います。あとの □に、ただしく かきましょう。

一つ6てん【36てん】

①きのお、②おねいさんと やおやへ いきました。③ほおれんそうと ④ごぼおを かいました。⑤おうきい ⑥とおもろこしも かいました。

① □□□

② □□□ さん

③ □□□□□□

④ □□□

⑤ □□□□

⑥ □□□□□□

4

えに あう ぶんを かきましょう。【10てん】

ひ□□□□が

とぶ。

クイズ

つぎの ことばで、ただしいのは どれかな。

①おさま ②おうさま ③おおさま

こたえ ▶ 90ページ

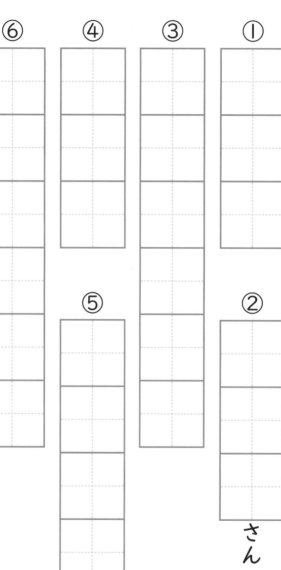

12 かくにんテスト②

なまえ

もくひょう 15ふん

がつ　にち

とくてん　てん

読む力 1

つぎの ぶんしょうを よんで、もんだいに こたえましょう。【35てん】

(1)きのお、(2)おにさんと ちかくの
(3)こおえんに いきました。
わたしは、(4)□□□□を
こぎました。
そらに きれいな (5)□□が
みえました。

① ――せん(1)～(3)の ことばを、（　）に ただしく かきなおしましょう。 一つ5てん(15てん)

(1)（　　）

(2)（　　）

(3)（　　）

② えに あう ぶんに なるように、(4)・(5)の □に あう ことばを かきましょう。 一つ10てん(20てん)

(4) □□□□

(5) □□

2 えに あう ほうの ことばに、○を つけましょう。

一つ5てん【25てん】

① 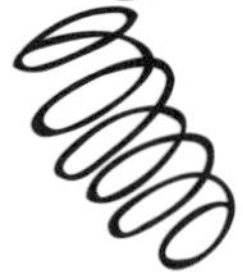
はね
ばね

② 
まと
まど

③ 
たい
だい

④ 
ふく
ふぐ

⑤ 
くき
くぎ

3 えに あう ことばに なるように、□に あう じを かきましょう。

一つ5てん【40てん】

① 
とけ□

② 
えん□つ

③ 
か□

④ 
ゆ□ひ

⑤ 
とん□

⑥ 
てん□ら

⑦ 
く□ら

⑧ 
お□かみ

こたえ ▶ 90ページ

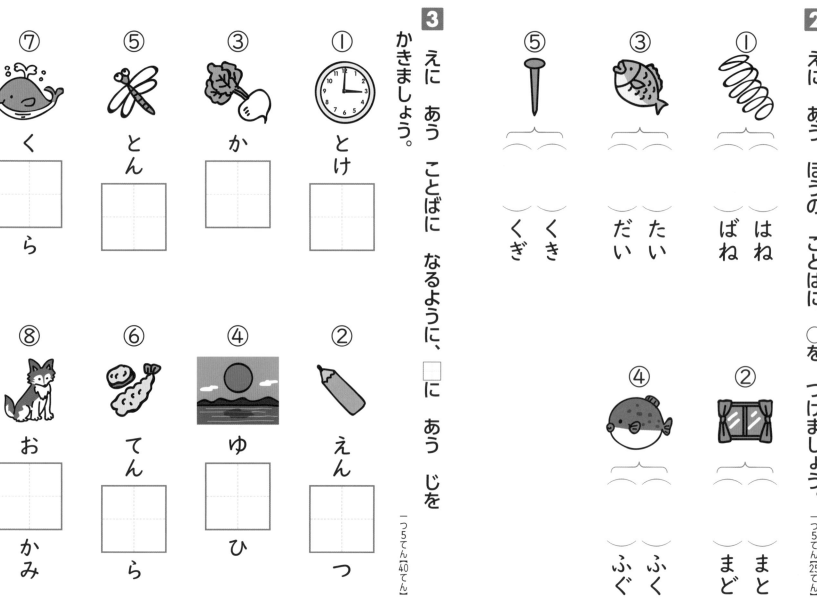

13 ちいさい「や・ゆ・よ・っ」の つく ことば①

もくひょう 10ぷん

がつ にち

とくてん てん

1 えと あう ことばを、——せんで つなぎましょう。

一つ4てん【32てん】

①

②

・かしや

・かしゃ

⑤

⑥

・いしゃ

・いしや

③
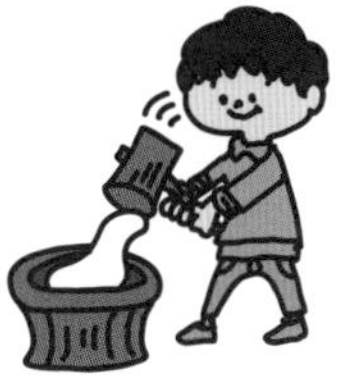

④

・おもちゃ

・おもちや

⑦
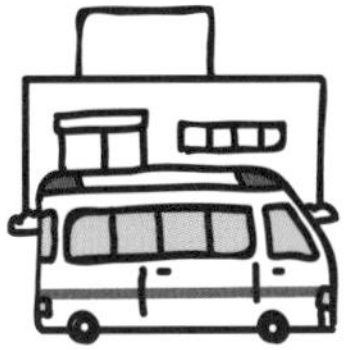

⑧

・びょういん

・びよういん

2 えに あう ほうの ことばを、○で かこみましょう。

一つ4てん【16てん】

①

がつき
がっき

②

ちょきんばこ
ちよきんばこ

③

きって
きつて

④

ちやわん
ちゃわん

3

えに　あう　ことばに　なるように、□に　ちいさい　「ゃ・ゅ・ょ」か　「っ」を　かきましょう。

［ますの　みぎうえに　かきましょう。］

① ば□た

② し□しん

③ ら□ぱ

④ あくし□

⑤ ち□う

⑥ せ□けん

一つ4てん【24てん】

4

えに　あう　ことばを　かきましょう。

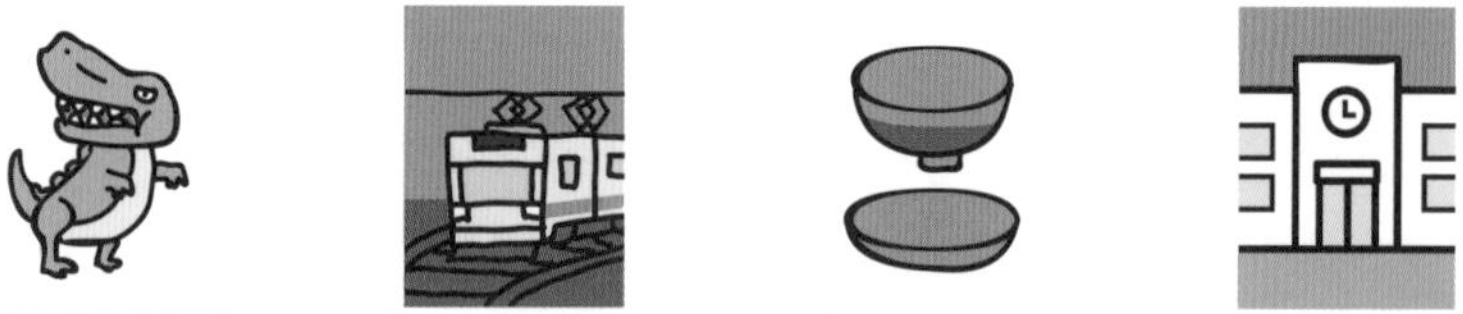

① が□□う

② しょ□き

③ で□□□

④ き□□り□□

まず、えの　ことばを、こえに　だして　いって　みよう。

一つ7てん【28てん】

クイズ

のみものの　なまえで、ただしいのは　どれかな。

① おちゃ　② おちや　③ おちょ

こたえ ▶ 90ページ

14 ちいさい「ゃ・ゅ・ょ・っ」のつくことば②

もくひょう 10ぷん

がつ にち

とくてん てん

1 かいものぶくろに はいって いる、①～⑤の ものの なまえを かきましょう。

一つ5てん【25てん】

① お も

② き

③ か

④ じ も

⑤ ぎ う

2 えに あう ことばを かきましょう。

一つ5てん【20てん】

①

き

②

し

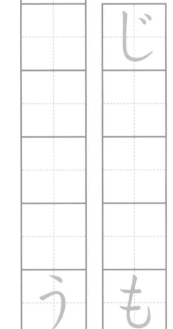

③

は

④
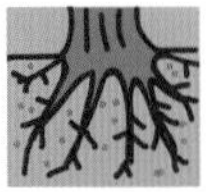
ね

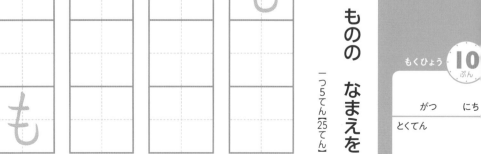

3 ちいさく かくと、えに あう ぶんに なる じを ○で かこみましょう。 一つ5てん【40てん】

① おかあさんは、はいしゃへ
いってから きんじょの
びよういんに よるそうだ。

② きつねが、はらっぱの きの
ねつこに つまずいて けがを
した。すぐ きゅうきゅうしゃで
びよういんに はこばれた。

4 ちいさく かく じの つく ことばの えを みっつ えらんで、その ことばを かきましょう。 一つ5てん【15てん】

きん□□□

□□た

ほう□□□

クイズ

びょうきや けがを した ときに、みて なおして くれる ひとは、だれかな。

① いしや ② いしゃ ③ いしゅ

こたえ ▶ 90ページ

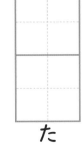

15 ことばの ちしき
あいさつ

もくひょう 10ぷん

がつ　にち

とくてん　てん

1 えに あう あいさつの ことばを、□から えらんで、○に きごうを かきましょう。

一つ9てん【54てん】

㋐ いただきます。
㋑ さようなら。
㋒ おはようございます。
㋓ いってきます。
㋔ おやすみなさい。
㋕ ただいま。

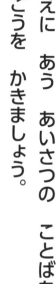

2

えの　ばめんのような　とき、どんな　あいさつを　しますか。
□に　かきましょう。

一つ8てん【32てん】

①

こ

②

あ

③

ご

④

こ

書く力　3

うえの　しつもんの　ぶんを　よんで、〔　〕に　ぶんを　かきましょう。

一つ7てん【14てん】

①じぶんの　ほんの　とき。

〔　　、そうです。〕

②じぶんの　ほんで　ない　とき。

〔　　、ちがいます。〕

クイズ

しょくじが　おわった　ときの　あいさつの　ことばは、どれかな。

①おかえりなさい。　②こんにちは。　③ごちそうさま。

こたえ ▶ 91ページ

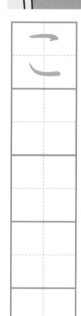

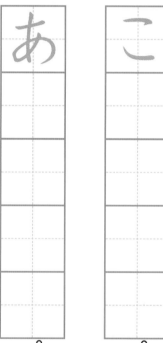

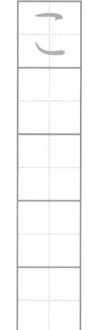

16 ことばの ちしき
ものを かぞえる ことば

もくひょう 10ぷん

がつ にち

とくてん てん

1 えの ものは、いくつ ありますか。ひだりから えらんで、――せんで つなぎましょう。
一つ4てん【20てん】

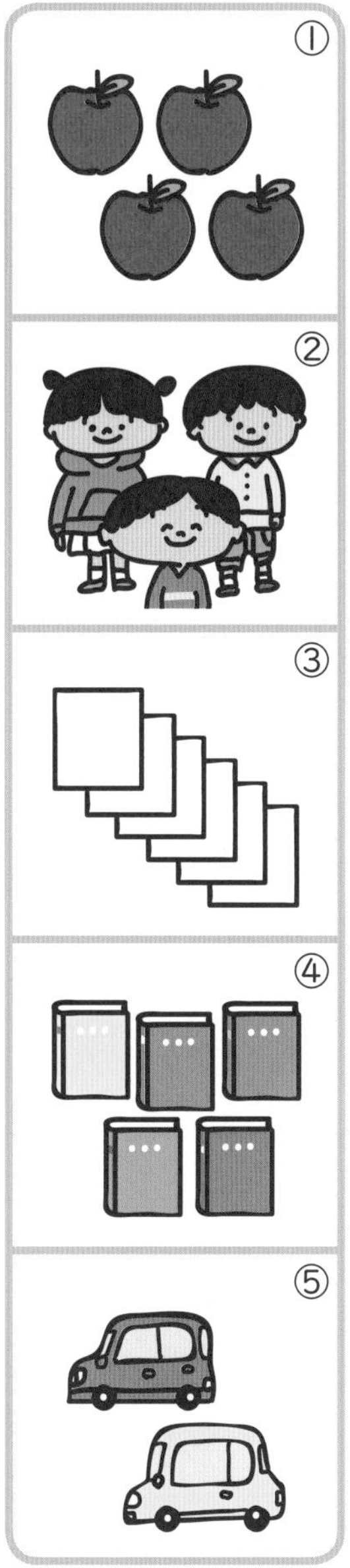

六《ろく》まい

五《ご》さつ

二《に》だい

四《よん》こ

三《さん》にん

2 かぞえかたの ただしい ほうを、□で かこみましょう。
一つ4てん【20てん】

①

六《ろっ》ぼん
六《ろっ》ぽん

②

三《さん》ぼん
三《さん》ぽん

③

二《に》わ
二《に》ば

④

三《さん》ぴき
三《さん》びき

⑤

八《はっ》ぴき
八《はっ》びき

こえに だして よんで くらべて みよう。

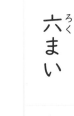

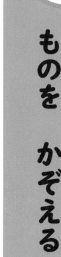

3 えを みて、（　）に ものを かぞえる ことばを ひらがなで かきましょう。

一つ6てん【36てん】

① 
二《に》（　　）

② 
三《さん》（　　）

③ 
四《よん》（　　）

④ 
十《じゅう》（　　）

⑤ 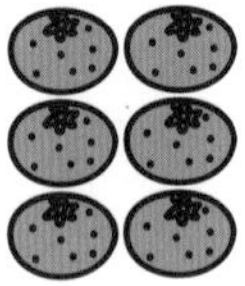
六《ろっ》（　　）

⑥ 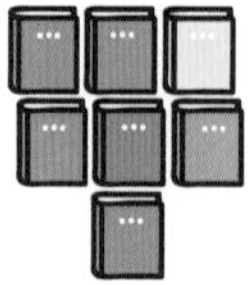
七《なな》（　　）

4 ——せんの かずを かぞえる ことばは、まちがって います。（　）に、ひらがなで ただしく かきましょう。

一つ6てん【24てん】

① こぶたが 五《ご》わ いる。（　　）

② あかい くつを 二《に》ほん かう。（　　）

③ おにぎりを 三《さん》まい たべた。（　　）

④ じてんしゃが 四《よん》こ ある。（　　）

クイズ

おかねを かぞえる ときに つかう ことばは、どれかな。

①ねん ②えん ③にん

こたえ ▶ 91ページ

17 かくにんテスト③

なまえ

もくひょう 15ふん

がつ　にち

とくてん　てん

読む力

1 つぎの ぶんしょうを よんで、もんだいに こたえましょう。【30てん】

わたしの (1)しょうがっこうでは、おひるに なると、「□□□□□□。」と いって、みんなで いっせいに (2)きゅうしょくを たべはじめます。

① ――せんの ことばを、（　）に ただしく かきなおしましょう。 一つ10てん【20てん】

(1)（　　　）

(2)（　　　）

② □に あう ことばを かきましょう。（10てん）

□□□□□□

2 （　）に、ものを かぞえる ことばを かきましょう。 一つ5てん【20てん】

①  二《に》（　　　）

②  五《ご》（　　　）

③ 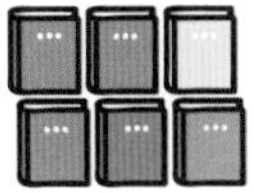 六《ろく》（　　　）

④  八《はち》（　　　）

3 えに あう ぶんに なるように、□に ちいさい「や・ゆ・よ」の つく ことばを かきましょう。

一つ6てん【30てん】

① ぎ□□□□□□を かう。

② び□□□□□で お□□□さんに みて もらう。

③ □□□□と じ□□□□□を かう。

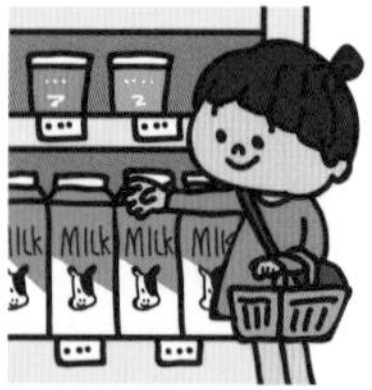

4 ——せんの ことばを、（　）に ただしく かきましょう。

一つ5てん【20てん】

・①あかちやんが、②につこり わらう。

・③しつかり ④あくしゆを する。

①（　　）　②（　　）

③（　　）　④（　　）

こたえ ▶ 91ページ

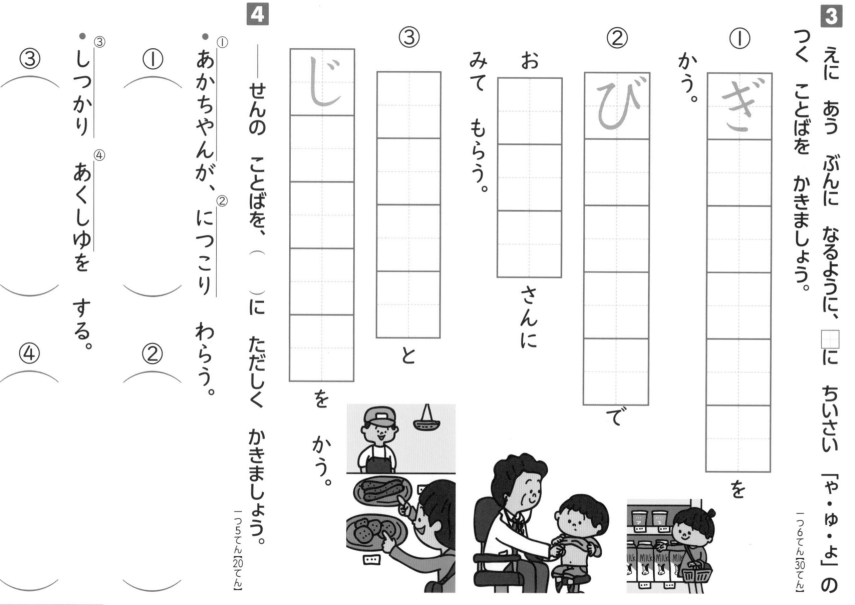

18 「は」「を」「へ」の つかいかた

もくひょう 10ぷん

がつ　にち

とくてん　てん

1 ただしい ほうの じを、○で かこみましょう。　一つ5てん【15てん】

① はな { は ／ わ } きれいです。

② いろがみ { お ／ を } おります。

③ へや { え ／ へ } はいります。

2 ――せんの じを ただしく かきなおしましょう。　一つ5てん【30てん】

① ぼくわ（　　）、としょかんえ（　　） いきました。

② ほんお（　　） にかいの へやえ（　　） はこびました。

③ こうえんえ（　　） いもうとお（　　） つれて いきました。

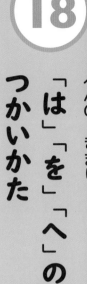

3

えに　あう　ぶんに　なるように、□に「は」「を」「へ」の　どれかを　かきましょう。

一つ5てん【25てん】

① ねこ□　ねずみ□　おう。

② ねこ□　きつねが　おう。

③ さんびき□、もり□　むかって　はしって　いる。

書く力 4

——せんの　じを、ただしく　なおして、〔　〕に　ぶんを　かきましょう。

一つ10てん【30てん】

① わたしわ、がっこうえ　いきます。

② はとわ、そらお　とびます。

③ おとうさんお　むかへに、えきえ　いきます。

クイズ

「□や□　いく。」の、□には　おなじ　じが　はいるよ。どれかな。

①え　②お　③へ

こたえ ▶ 91ページ

19

ぶんの きまり

だれが どう する

もくひょう 10ぷん

がつ　にち

とくてん　てん

1

えに あう ぶんに なるように、うえと したを ――せんで つなぎましょう。　一つ6てん【30てん】

① うさぎが	ねむる。
② りすが	およぐ。
③ ねこが	なく。
④ きりんが	ころぶ。
⑤ くまが	はしる。

2

えに あう ぶんに なるように、□に □ から ことばを えらんで かきましょう。　一つ7てん【14てん】

① だれ（なに）□□□ が あるく。

② だれ（なに）□□□ が とぶ。

いぬ　たぬき　さる　ことり

3

えを　みて、□に　あう　ことばを　□　から　えらんで　かきましょう。　一つ7てん【28てん】

① こいぬが　（どう　する）□。

② （なに）□が　とぶ。

③ （だれ）□が　（どう　する）□。

ふうせん	はな	あかちゃん	おじいさん
わらう	なめる	ほえる	ころぶ

4

だれ（なに）が　どう　して　いますか。□には　どうぶつの　なまえを、□には　□　から　えらんで　かきましょう。　一つ7てん【28てん】

① □が　□。

② □が　□。

たべる	かく	うたう	よむ	

クイズ

つぎの　なかで、「どう　する」に　あたる　ことばは、どれかな。

① おにいさん　② くるま　③ おきる

こたえ ▶ 92ページ

20 ぶんの きまり

だれが なにを どう する

もくひょう 10ぷん

がつ にち

とくてん てん

1 えを みて、□に あう ことばを、□から えらんで かきましょう。 一つ5てん【30てん】

① （だれ（なに））□ は、（なに）□ を かう。

② （だれ（なに））□ は、（なに）□ を かう。

③ （だれ（なに））□ は、（なに）□ を かう。

さる	いぬ	かに	ぶた
ぶどう	かき	くり	りんご

2 □に あう ことばを、□から えらんで かきましょう。 一つ5てん【15てん】

（だれ（なに））□ は、（どこ）□ へ

（どう する）□ 。

りす	くま	ほんやさん	えき	のる	いく

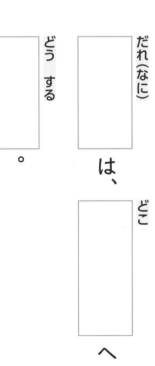

3

□の ことばを つかって、えに あう「だれ（なに）が―どう する」の ぶんを みっつ つくりましょう。

一つ5てん【25てん】

ねこ が □ 。

□ が □ 。

□ が □ 。

うさぎ　ねこ　わに　はしる　のぼる　のむ

書く力 4

えに あうように、□から ことばを えらんで、ぶんを かきましょう。

一つ10てん【30てん】

① なにを どう する
かめが、　を　よむ。

② なにを どう する
りすが、　を　。

③ どこへ どう する
ぞうが、　へ　いく。

えき　かお　ほん　あらう

クイズ

どちらの ぶんが ただしいかな。

① ふねを みなとに つく。

② ふねが みなとに つく。

こたえ ▶ 92ページ

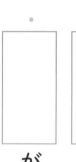

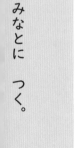

21

ぶんの きまり

ていねいな いいかた

もくひょう 10ぷん

がつ にち

とくてん てん

1 「ていねいな いいかた」の ぶんには ○を、「ふつうの いいかた」の ぶんには △を つけましょう。 一つ6てん【36てん】

① （　）ぼくは、がっこうへ いく。

② （　）ねこは、さかなを たべます。

③ （　）もりの なかは、しずかだ。

④ （　）わたしは たなかさくらです。

⑤ （　）かばんの いろは、あかだ。

⑥ （　）いっしょに いきましょう。

ぶんの おわりに ちゅうもくしよう。

2 ――せんの ことばの 「ていねいな いいかた」を したから えらんで、――せんで つなぎましょう。 一つ6てん【18てん】

① ことりが とぶ。

② ありは むしだ。

③ そとに でよう。

とんだ　とびます　むしだった　むしです　でましょう　でました

3 ——せんの ことばを、「ふつうの いいかた」に なおしましょう。 一つ4てん【16てん】

① うたを うたいます。

② ばらは きれいです。

③ しずかに しましょう。

④ ねぎは やさいです。

①	②	③	④

書く力

4 ——せんの ことばを、①と ②は 「ふつうの いいかた」に、③は 「ていねいな いいかた」に なおして、ぶんを かきなおしましょう。 一つ10てん【30てん】

① ぼくの いえには、いぬが います。

② あげはは、ちょうの なかまです。

③ たろうさんは、とても げんきだ。

クイズ

「つばめを みた。」の ——せんの ていねいな いいかたは、どれかな。

① みたよ ② みたんだ ③ みました

こたえ ▶ 92ページ

22 まる・てん・「 」（かぎ）の つかいかた

もくひょう 10ぷん

がつ　にち

とくてん　てん

1 まる（。）と てん（、）の つけかたが ただしい ぶんには ○を、そうで ない ぶんには △を つけましょう。 一つ5てん【30てん】

① （　）きのう、こうえんで あそんだ。

② （　）ねこが。へやから でて きた。

③ （　）わたしも いもうとも。ももが すきだ。

④ （　）あしたは。ぼくの たんじょうびだ。

⑤ （　）とつぜん、おおあめが ふって きた。

⑥ （　）はるたさんは、あかるい ひとです、

2 かぎ（「 」）を ただしく つかって いる ほうに、○を つけましょう。 一つ8てん【16てん】

①
（　）「おはよう」ございます。と、せんせいに あいさつした。
（　）「おはようございます。」と、せんせいに あいさつした。

②
（　）こんにちは。「ぼくは げんきに いった。」
（　）「こんにちは。」ぼくは げんきに いった。

はなす ことばに 「」が つくよ。

3

つぎの ぶんしょうの □に、まる（。）か てん（、）か かぎ（「 」）の どれかを つけましょう。

一つ4てん【24てん】

□きょう□こうえんでなわ
とびをしました□
□はやしさんが□
□とてもじょうずだね□
と、ほめてくれました□

書く力 4

つぎの ぶんに、かぎ（「 」）を ひとくみずつ つけて、□に ぶんを かきましょう。

ぜんぶできて 一つ15てん【30てん】

① えきは、どこですか。
と、たずねました。

② あした、つりにいこう。
と、おとうさんがいった。

クイズ

「ぼくは1りんごが2すきだ3」の ぶんで、まる（。）が つくのは、どこかな。

① 1　② 2　③ 3

こたえ ▶ 92ページ

23 かくにんテスト④

なまえ

もくひょう 15ふん

がつ　にち

とくてん　てん

読む力 **1** つぎの ぶんしょうを よんで、もんだいに こたえましょう。【40てん】

(1)□じいさん(2)□、やま(3)□ いきました。
をむすびお たべようと つつみ(4)□
あけると、ころころ ころがって、
あなの なか(5)□ (6)□ちて
しまいました。

① ——せんの ことばを、ただしく かきなおしましょう。（10てん）

（　　　　）

② □に あうように、「わ」「は」「お」「を」「え」「へ」の どれかを かきましょう。一つ5てん（30てん）

(1)□ (2)□ (3)□ (4)□ (5)□ (6)□

2 まちがって つかって いる じを ふたつ みつけて ×を つけ、みぎに ただしく かきましょう。一つ5てん【10てん】

・ひだりえ まがると やをやさんが ある。

3 ――せんが、「ふつうの いいかた」なら 「ていねいな いいかた」に、「ていねいな いいかた」なら 「ふつうの いいかた」に しましょう。

一つ5てん【15てん】

① わたしは、いかない。
（　　　　）

② あしたは、あめでしょう。
（　　　　）

③ あれは、ぼくの かさだ。
（　　　　）

書く力
4 えを みて、□に あう ことばを じぶんで かんがえて かきましょう。

一つ7てん【35てん】

① いぬ は、 □（どこ） へ □（どう する）。

② □（だれ（なに）） は、 □（なに） を □（どう する）。

こたえ ▶ 93ページ

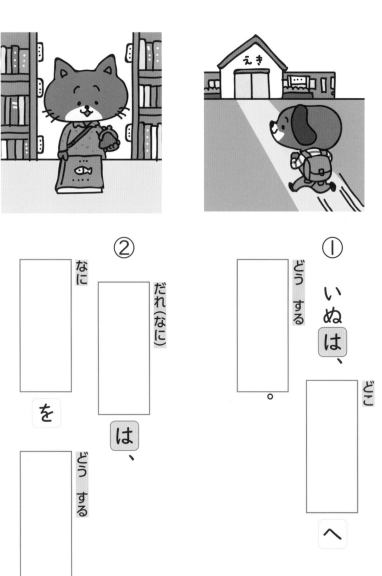

24

ことばの ちしき

アイウエオ カキクケコ

もくひょう 10ぷん

がつ にち

とくてん てん

ゆびで なぞりましょう。

ア（1 2 はらう）　イ（1 2 はらう とめる）　ウ（1 2 3 とめる はらう）　エ（1 2 3 とめる とめる）　オ（1 2 3 とめる はらう はねる）

字《じ》を かきましょう。

かきじゅん	
フ ア	ア
ノ イ	イ
ヽ ヽ' ウ	ウ
一 T エ	エ
一 ナ オ	オ

1 字を かきましょう。（一つ5てん【50てん】）

① アイロン

[ ]イロン

② ドア

ド[ ]

③ インク

[ ]ンク

④ コイン

コ[ ]ン

⑤ ウインナー

[ ]インナー

⑥ ウクレレ

[ ]クレレ

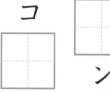

⑦ エプロン

[ ]プロン

⑧ バレエ

バレ[ ]

⑨ オクラ

[ ]クラ

⑩ ライオン

ライ[ ]ン

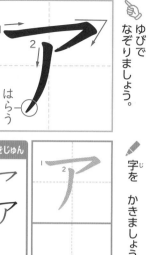

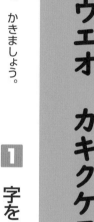

ゆびで なぞりましょう。

カ（はらう・はねる）

キ（とめる・とめる・とめる）

ク（はらう・はらう）

ケ（とめる・はらう・はらう）

コ（とめる）

字《じ》を かきましょう。

かきじゅん	
フ カ	カ
一 二 キ	キ
ノ ク	ク
ノ 𠂉 ケ	ケ
フ コ	コ

2 字を かきましょう。

一つ5てん【50てん】

① カード

□ード

② カメラ

□メラ

③ キウイ
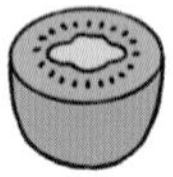
□ウイ

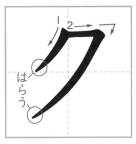

④ スキー

ス□ー

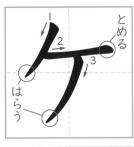

⑤ クレヨン
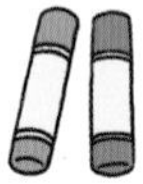
□レヨン

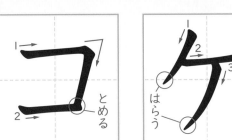

⑥ マスク

マス□

⑦ ケーキ

□ー□

⑧ バケツ

バ□ツ

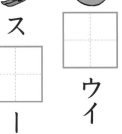

⑨ コアラ

□□ラ

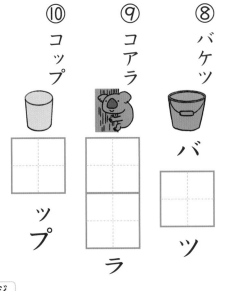

⑩ コップ
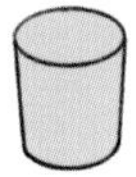
□ップ

クイズ

「□□ア」「□ップ」「□ロッケ」の どの □にも 入《はい》る 字は どれかな。

①イ ②キ ③コ

こたえ ▶ 93ページ

25

ことばの ちしき

サシスセソ タチツテト

もくひょう 10ぷん

がつ にち

とくてん

てん

ゆびで なぞりましょう。

サ
1 2 3
とめる
はらう

シ
1 2 3
とめる
はらう

ス
1 2
とめる
はらう

セ
1 2
とめる

ソ
1 2
とめる
はらう

字《じ》を かきましょう。

かきじゅん
一 十 サ

かきじゅん
、 ゛ シ

かきじゅん
フ ス

かきじゅん
一 セ

かきじゅん
、 ソ

1 字を かきましょう。 一つ5てん【50てん】

① サイン

□ ン

② サラダ

□ ラダ

③ シーソー

□ ーソー

④ シール

□ ール

⑤ スープ

□ ープ

⑥ スリッパ

□ リッパ

⑦ セーター

□ ーター

⑧ セロリ

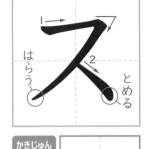

□ ロリ

⑨ ソース

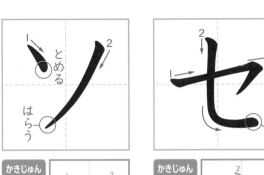

□ ー □

⑩ ソックス

□ ックス

ゆびで なぞりましょう。

タ　1 2 3　はらう

チ　1 2 3　とめる　はらう

ツ　1 2 3　とめる　はらう

テ　1 2 3　とめる　はらう

ト　1 2　とめる　とめる

字《じ》を かきましょう。

かきじゅん　ノ　ク　タ

かきじゅん　一　二　チ

かきじゅん　丶　丶丶　ツ

かきじゅん　一　二　テ

かきじゅん　丨　ト

2 字を かきましょう。

一つ5てん【50てん】

① タオル

□ル

② タクシー

□クシー

③ チーズ

□ーズ

④ ベンチ

ベン□

⑤ シャツ

□ャ□

⑥ ブーツ

ブー□

⑦ テレビ

□レビ

⑧ テント

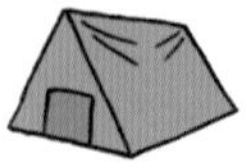

□ン□

⑨ トイレ

□□レ

⑩ トマト

□マ□

クイズ

「□マ□」「□ース□」「テス□」の、どの □にも 入《はい》る 字は どれかな。

①サ　②テ　③ト

こたえ ▶ 93ページ

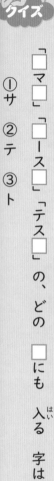

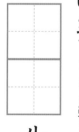

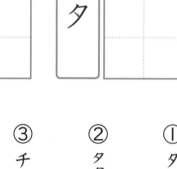

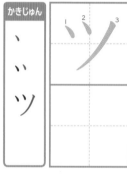

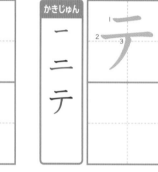

26

ことばの ちしき

ナニヌネノ ハヒフヘホ

もくひょう 10ぷん

がつ にち

とくてん てん

ゆびで なぞりましょう。

ナ 1 2 とめる はらう

ニ 1 2 とめる とめる

ヌ 1 2 とめる はらう

ネ 1 2 3 4 とめる とめる はらう

ノ 1 はらう

字《じ》を かきましょう。

かきじゅん 一 ナ

かきじゅん 一 二

かきじゅん フ ヌ

かきじゅん 丶 ラ ネ ネ

かきじゅん ノ

1 字を かきましょう。 一つ5てん【50てん】

① ナイフ

□フ

② ナッツ
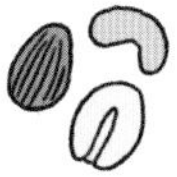
□ツ□

③ ニット

□ツ□

④ テニス

□□ス

⑤ ヌードル

□ードル

⑥ カヌー

□□ー

⑦ ネクタイ

□クタイ

⑧ ネット

□ツ□

⑨ ノート
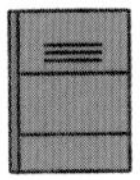
□ー□

⑩ ピアノ

ピ□□

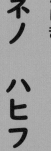

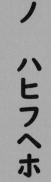

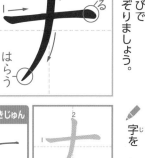

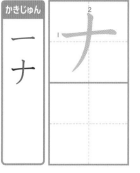

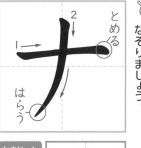

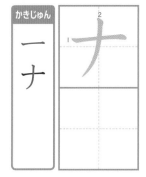

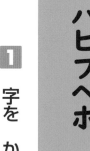

ゆびで なぞりましょう。

ハ　1 はらう　2 とめる

ヒ　1 とめる　2 とめる

フ　1 はらう

ヘ　1 とめる

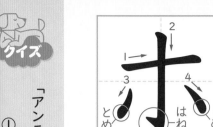

ホ　1　2　3 とめる　はねる　4 とめる

字《じ》を かきましょう。

かきじゅん　ノ ハ　ハ

かきじゅん　一 ヒ　ヒ

かきじゅん　フ　フ

かきじゅん　ヘ　ヘ

かきじゅん　一 ナ オ ホ　ホ

2 字を かきましょう。 一つ5てん【50てん】

① ハープ

□ープ

② ハム
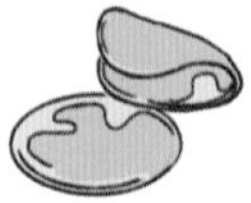
□ム

③ ヒント

□ン□

④ コーヒー

コー□ー

⑤ フード

□ード

⑥ フック

□ック

⑦ ヘアピン

□アピン

⑧ ヘルメット

□ルメット

⑨ ホース

□ー□

⑩ ホルン

□ルン

クイズ

「アンテ□」「バ□□」「ファス□ー」の、どの □にも 入《はい》る 字は どれかな。

① ナ　② ノ　③ フ

こたえ ▶ 93ページ

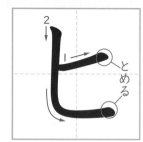

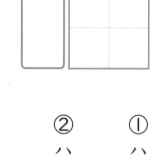

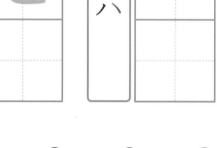

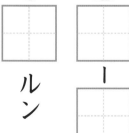

27

ことばの　ちしき

マミムメモ　ヤユヨ

もくひょう 10ぷん

がつ　にち

とくてん　てん

ゆびで　なぞりましょう。

マ　1　2　とめる

ミ　1　2　3　とめる

ム　1　2　とめる

メ　1　2　はらう　とめる

モ　1　2　3　とめる　とめる

字《じ》を　かきましょう。

かきじゅん	
フ　マ	マ
丶　ニ　ミ	ミ
ム　ム	ム
ノ　メ	メ
一　ニ　モ	モ

1 字を　かきましょう。 一つ5てん【50てん】

① マイク

□ク

② マラカス

□ラカス

③ ミシン

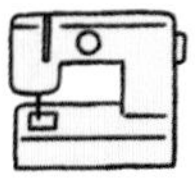

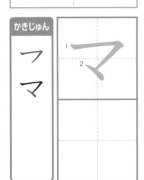

□□ン

④ ミルク

□ル□

⑤ アルバム

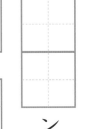

アルバ□

⑥ ジャム

ジャ□

⑦ メダル

□ダル

⑧ メロン

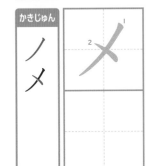

□ロン

⑨ モップ

□ップ

⑩ モデル

□デル

ゆびで なぞりましょう。

ヤ（1 2 とめる）

かきじゅん
フ ヤ

ヤ

字《じ》を かきましょう。

「ヤ」の 一《いっ》かくめの さいごは、おって から はらうよ。

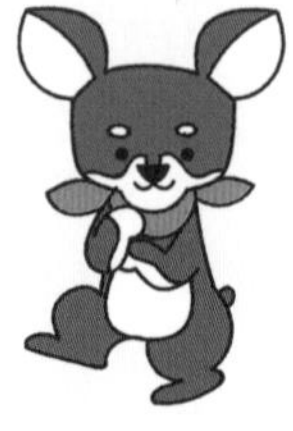

ユ（1 2 とめる）

かきじゅん
フ ユ

ユ

「ユ」は、「コ」と 字の かたちが にて いるので、ちゅういしてね。

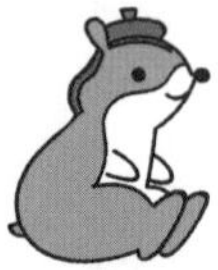

ヨ（1 2 3 とめる）

かきじゅん
フ ヨ ヨ

ヨ

2 字を かきましょう。 一つ5てん【50てん】

① イヤリング

イ □ リング

② タイヤ

□ イ □

③ ダイヤ

ダ □ □

④ ヒヤシンス

ヒ □ シンス

⑤ ユニーク
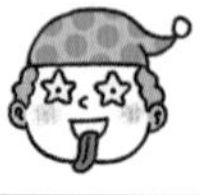
□ ニーク

⑥ ユーフォー

□ ーフォー

⑦ ユニホーム

□ ニホーム

⑧ ヨーグルト

□ ーグルト

⑨ ヨーヨー

□ ーヨー

⑩ ヨット

□ ツ □

クイズ

「□モ」「□ロディー」「セ□ント」の、どの □にも 入《はい》る 字は どれかな。

① マ ② メ ③ ヨ

こたえ ▶ 93ページ

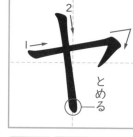

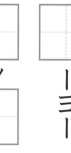

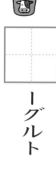

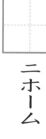

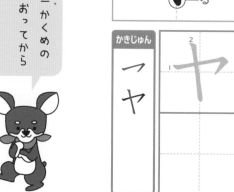

28

ことばの ちしき

ラリルレロ ワヲン

もくひょう 10ぷん

がつ にち

とくてん てん

ゆびで なぞりましょう。

ラ　1 2　とめる　はらう

リ　1 2　とめる　はらう

ル　1 2　はらう　はらう

レ　1　はらう

ロ　1 2 3　とめる　とめる

字《じ》を かきましょう。

かきじゅん　一 ラ　ラ

かきじゅん　丨 リ　リ

かきじゅん　ノ ル　ル

かきじゅん　レ　レ

かきじゅん　丨 П ロ　ロ

1 字を かきましょう。 一つ5てん【50てん】

① ラムネ  □ム□

② ランプ  □ンプ

③ リボン  □ボン

④ リレー  □□ー

⑤ プール  プー□

⑥ ボール 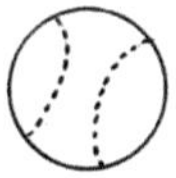 ボー□

⑦ レタス  □タ□

⑧ レモン 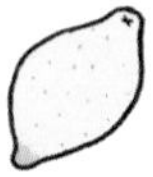 □□ン

⑨ ロープ  □ープ

⑩ ロケット  □ケット

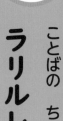

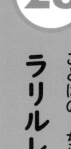

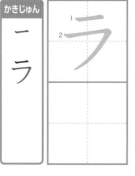

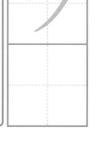

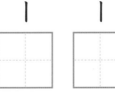

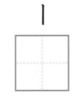

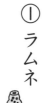

ゆびで なぞりましょう。

字《じ》を かきましょう。

ワ

1 2 とめる はらう

かきじゅん

ー ワ

「ワ」は、「ウ」と
字の かたちが
にて いるので、
ちゅういしてね。

ヲ

1 2 3 はらう

かきじゅん

ー ニ ヲ

ノートにも、かく
れんしゅうを して
みてね。

ン

1 2 とめる はらう

かきじゅん

、 ン

2 字を かきましょう。 一つ5てん【50てん】

①ワイン　□イ

②ワゴン　□ゴ

③ワンピース　□ンピース

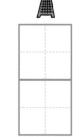

④シャワー　シャ□ー

⑤タワー　□□ー

⑥ズボン　ズボ□

⑦ダンス　ダ□□

⑧パンダ　パ□ダ

⑨プリン　プ□□

⑩レンズ　□□ズ

クイズ

「□ケット」「ガ□ス」「コー□ス」の、どの □にも 入《はい》る 字は どれかな。

①ラ ②ロ ③ワ

こたえ ▶ 93ページ

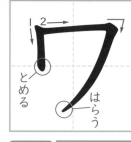

29 かくにんテスト⑤

なまえ

もくひょう 15ふん

がつ　にち

とくてん　　てん

読む力 **1** つぎの 文《ぶん》しょうを よんで、もんだいに こたえましょう。【28てん】

わたしは、(1)けえきを たべながら、(2)てれびで (3)さっかあの しあいを 見《み》ました。

そのとき、おかあさんは、(4)しゃつに □□□□を かけて いました。

① ――せんの ことばを、かたかなで かきましょう。 一つ5てん〔20てん〕

(1)（　　　）　(2)（　　　）

(3)（　　　）　(4)（　　　）

② えを 見て、□に あう ことばを かきましょう。（8てん）

□□□□

2 えと あう ことばを、――せんで つなぎましょう。 一つ4てん【16てん】

① 

② 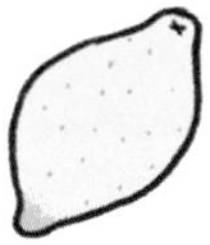

③ 

④ 

・レタス

・トマト

・メロン

・レモン

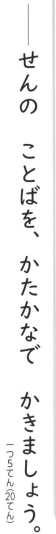

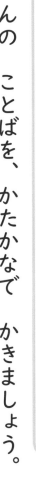

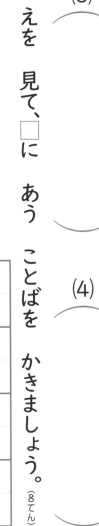

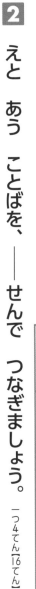

3

つぎの ひらがなを、かたかなで かきましょう。

一つ4てん【32てん】

① あ → □

② う → □

③ し → □

④ そ → □

⑤ つ → □

⑥ ぬ → □

⑦ ね → □

⑧ を → □

4

①～⑥の ことばには、字《じ》の まちがいが 一《ひと》つずつ あります。□に ことば ぜんたいを 正《ただ》しく かきなおしましょう。

一つ4てん【24てん】

①
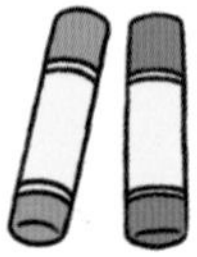
クレユン

②

プリソ

③
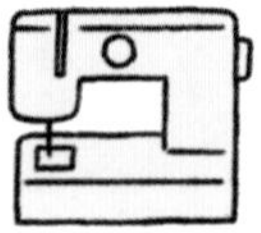
ミツン

④

アイク

⑤

タオレ

⑥

ラーブル

①	④
②	⑤
③	⑥

こたえ ▶ 93ページ

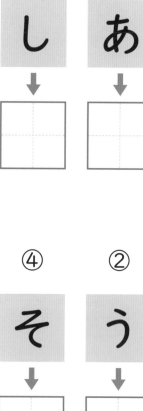

30 かたかなで あらわす ことば①

もくひょう 10ぷん

がつ にち

とくてん てん

1 かきかたの 正《ただ》しい ほうに、○を つけましょう。 一つ3てん【18てん】

① （ ）ロボツト （ ）ロボット

② （ ）スケート （ ）スケイト

③ （ ）キャベツ （ ）キヤベツ

④ （ ）チヨウク （ ）チョーク

⑤ （ ）セエタア （ ）セーター

⑥ （ ）シュークリーム （ ）シユウクリイム

ことばを こえに 出《だ》して よんでから、えらんでね。

2 えを 見《み》て、□に あう かたかなを、□ から えらんで かきましょう。 一つ4てん【12てん】

① □ロ□

② □ー□ー

③ オム□□

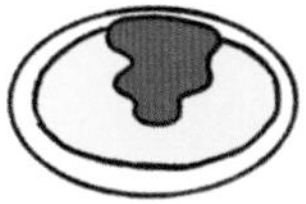

ソ	ン	シ	ツ
レ	ナ	メ	ト

3

のばす 音《おん》や、「゛《てんてん》」「゜《まる》」の つく かたかなに 気《き》を つけて、□に かたかなを かきましょう。 一つ10てん【40てん】

のばす 音や、「゛《てんてん》」「゜《まる》」の つく かたかなの かきかた

スケート　のばす しるしを つかいます。

ダンプカー　右上《みぎうえ》に、「゛《てんてん》」や「゜《まる》」を かきます。

①  すうぷ

②  さらだ

③  ぱんだ

④  ぎたあ

4

小《ちい》さく かく 「ッ」や 「ャ・ュ・ョ」に 気を つけて、□に かたかなを かきましょう。 一つ10てん【30てん】

小さく かく 「ッ」や 「ャ・ュ・ョ」の かきかた

コップ　ジャム　チョーク　ますめの 右上に かきます。

①  よっと

②  しゃつ

③  ちゅうりっぷ

クイズ

つぎの ことばで かたかなの かきかたが 正《ただ》しいのは どれかな。

① カアテン　② カーテン　③ カテン

こたえ ▶ 93ページ

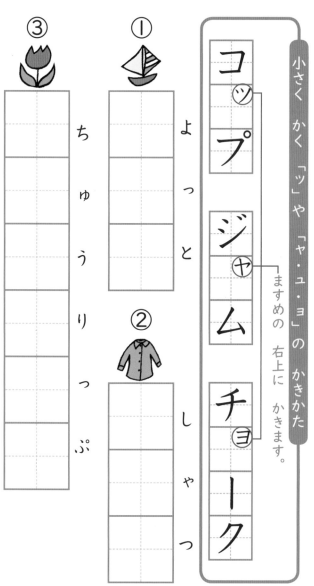

31 かたかなで あらわす ことば②

もくひょう 10ぷん

がつ にち

とくてん てん

1 つぎの のりものの 名前《なまえ》は、かたかなで かきます。□に あう かたかなを かきましょう。
（一つ4てん【20てん】）

①  ト ラ □ □ □

②  □ ス

③  タ ク □ □ □

④  ク □ □ ン 車《しゃ》

⑤  ヘ □ コ □ □ □

ていねいな 字《じ》で かこう。

2 つぎの どうぶつの 名前は、かたかなで かきます。（　）に かたかなで かきましょう。
（一つ6てん【24てん】）

①  （コ　　）

②  （ペ　　）

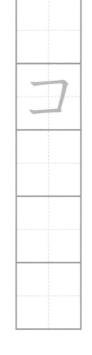

③  （ゴ　　）

④  （ラ　　）

3

どうぶつの なきごえや ものの 音《おと》は、かたかなで かきます。

——せんの ことばを、かたかなで かきましょう。 一つ5てん【20てん】

① 犬《いぬ》が わんわん ほえる。（　　）

② かみなりが ごろごろ なる。（　　）

③ かぜが びゅうびゅう ふく。（　　）

④ ひよこが ぴよぴよ なく。（　　）

4

つぎの えの ものの 名前《なまえ》は、かたかなで かきます。（　）に かたかなで かきましょう。 一つ6てん【36てん】

①（　　）

②（　　）

③（　　）

④（　　）

⑤（　　）

⑥（　　）

クイズ

つぎの ことばで かたかなの かきかたが 正《ただ》しいのは どれかな。

① シヤベル ② ツャベル ③ シャベル

こたえ ▶ 93ページ

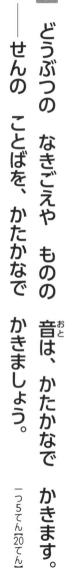

32 ようすを あらわす ことば

もくひょう 10ぷん

がつ にち

とくてん てん

1 ①～⑧から「ようすを あらわす ことば」を 五つ《いつ》 えらんで、○を つけましょう。 【一つ4てん【32てん】】

①（ ）すわる
②（ ）あたたかい
③（ ）あつい
④（ ）ゆっくり
⑤（ ）うたう
⑥（ ）トンネル
⑦（ ）さむい
⑧（ ）きれいだ

うごきを あらわす ことばでは ないよ。

2 えの ようすに あう ほうの ことばを、□で かこみましょう。 【一つ4てん【32てん】】

①

くるくる
ぶるぶる

②

ふわふわ
ぷかぷか

③

にこにこ
ぷんぷん

④

さらさら
すやすや

⑤

つるつる
ひらひら

⑥

サクサク
ポキポキ

⑦

ザーザー
コツコツ

⑧

すらりと
ずらりと

3 □に あう ことばを、□から えらんで かきましょう。

一つ4てん【16てん】

① わかい 木《き》が □ のびる。

② プールで □ およぐ。

③ ごはんを □ たべる。

④ はるかぜが □ ふく。

すいすい　そよそよ　すくすく　ぱくぱく

4 えを 見《み》て、（　）に あう ことばを、□から えらんで かきましょう。

一つ5てん【20てん】

（　　　）くつは（　　　）。

（　　　）くつは（　　　）。

赤《あか》い　青《あお》い　白《しろ》い　くろい
小《ちい》さな　大《おお》きな　とおい

クイズ

つよく たたいて いる ようすを あらわす ことばは、どれかな。

① トントン　② ドンドン　③ コンコン

こたえ ▶ 94ページ

33 ことばの ちしき
なかまの ことば

もくひょう 10ぷん

がつ　にち

とくてん　　てん

1 えの ものを ひとまとめに した ことばを、□から えらんで、きごうを かきましょう。 一つ4てん【20てん】

①

□

②

□

③

□

④

□

⑤
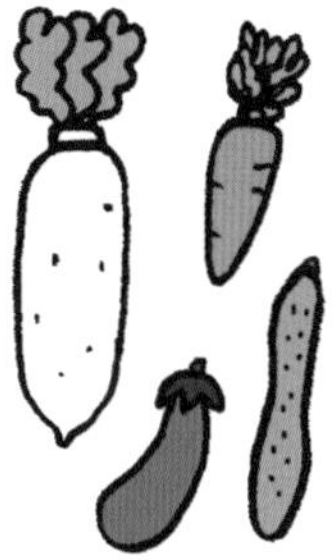
□

ア やさい　イ さかな
ウ がっき　エ ふね
オ くだもの

2 つぎの なかまの ことばを 下《した》から 二《ふた》つずつ えらんで、——せんで つなぎましょう。 一つ5てん【30てん】

① 文《ぶん》ぼうぐ ・
② しょっき ・
③ のりもの ・

・さら
・ノート
・バス
・ちゃわん
・電車《でんしゃ》
・えんぴつ

3 つぎの ものを ひとまとめに した ことばを、□に ひらがなで かきましょう。

一つ5てん【15てん】

① せみ・あり・ちょう・ばった・かまきり

② ばら・ゆり・きく・カーネーション

③ はと・すずめ・からす・にわとり

4 えを 見《み》て、（　）には 一《ひと》つ一つの 名前《なまえ》を、□には あう ことばを □ から えらんで きごうを かきましょう。

一つ7てん【35てん】

ア どうぶつ　イ のみもの　ウ たべもの

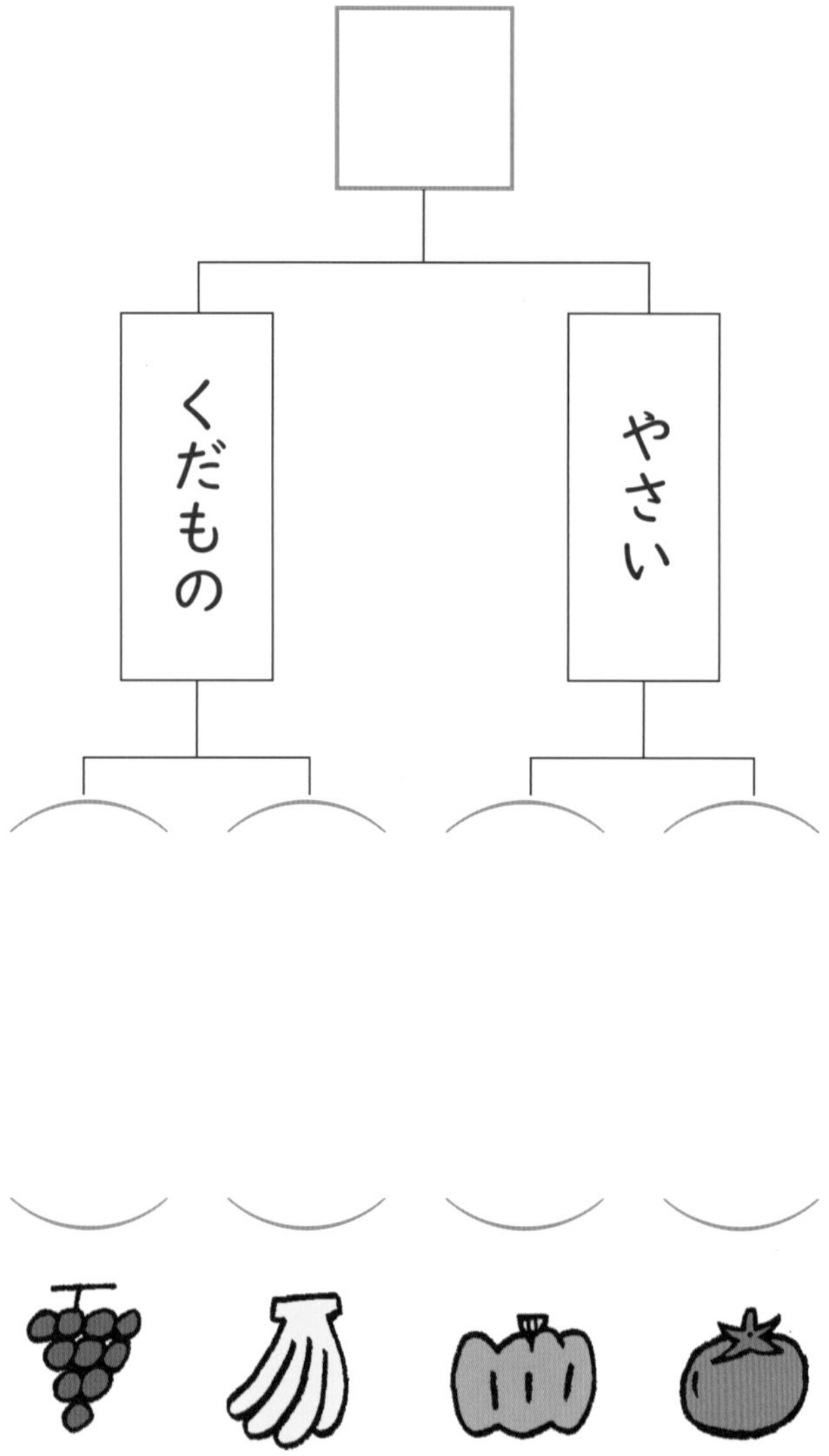

クイズ

「本《ほん》」の なかまの ことばは、つぎの どれかな。

① こま ② 下《した》じき ③ ずかん

こたえ ▶ 94ページ

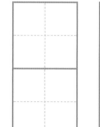

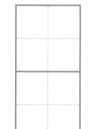

34 かくにんテスト⑥

なまえ

もくひょう 15ふん

がつ　にち

とくてん　　てん

読む力 **1** つぎの 文《ぶん》しょうを よんで、もんだいに こたえましょう。【40てん】

かぜが (1) ふいて いる のはらで、
赤《あか》い ふうせんを とばした。
ふうせんは、白《しろ》い 花《はな》が たくさん
さいて いる のはらの 上《うえ》を
(2) とんで いった。

① えを 見《み》て、□に あう ことばを、□から えらんで かきましょう。（一つ10てん〈20てん〉）

ぐるぐる　ふわふわ　ぷりぷり　そよそよ

(1)（　　　　）

(2)（　　　　）

② ふうせんと 花は、どんな いろですか。（一つ10てん〈20てん〉）

・ふうせん（　　　　）

・花（　　　　）

2 ――せんの ことばの つかいかたが 正《ただ》しい ほうに、○を つけましょう。【10てん】

（　）あたたかい スープを のみました。

（　）あたたかい 本《ほん》を よみました。

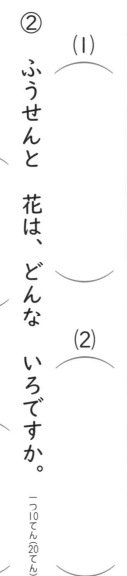

読む力

3

つぎの 文《ぶん》しょうから、かたかなで かく ことばを 五《いっ》つ 見《み》つけ、かたかなで かきましょう。

一つ4てん【20てん】

きのう、ばすに のって、おかあさんと
でぱあとに いきました。
わたしは、れすとらんで、いちごの
けえきを たべました。
かえりは、たくしいに のりました。

（　　　）（　　　）（　　　）（　　　）（　　　）

4

えの ものを 二《ふた》つの なかまに わけて、□に 一《ひと》つ一つの 名《な》前《まえ》を かきましょう。

ぜんぶできて一つ15てん【30てん】

花《はな》	
やさい	

こたえ ▶ 94ページ

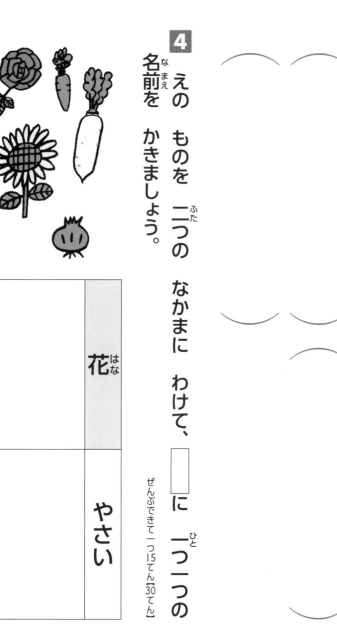

35 かん字《じ》の ちしき

かん字の なりたち

もくひょう 10ぷん

がつ にち

とくてん

てん

1 えと あう かん字《じ》を、——せんで つなぎましょう。 一つ4てん【20てん】

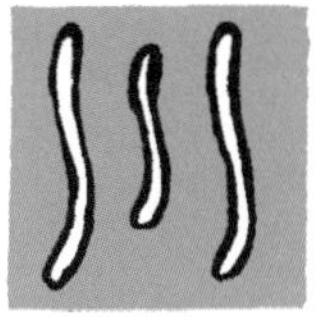

日《ひ》

川《かわ》

山《やま》

林《はやし》

田《た》

2 かん字が できた じゅんに なるように、——せんで つなぎましょう。 ぜんぶできて 一つ5てん【20てん】

①

②

③

④

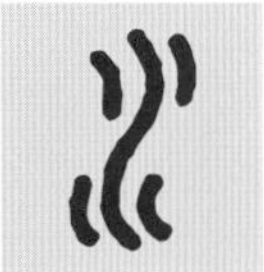

月《つき》

雨《あめ》

竹《たけ》

水《みず》

3

□に　あう　かん字《じ》を　かきましょう。

①

②

③

④

⑤
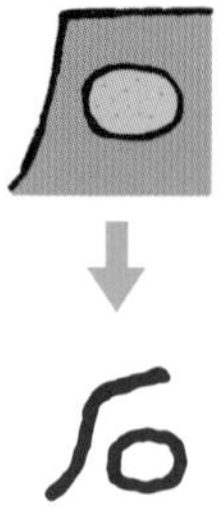

⑥
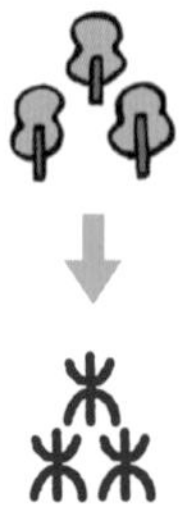

⑦

⑧

一つ5てん【40てん】

4

□に　あう、からだの　かん字を　かきましょう。

①

②

③
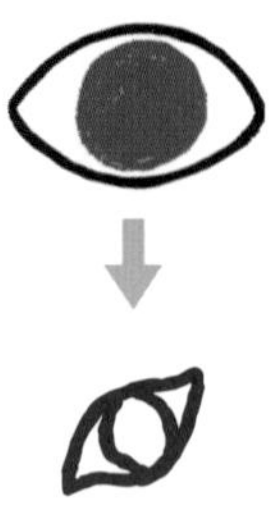

④
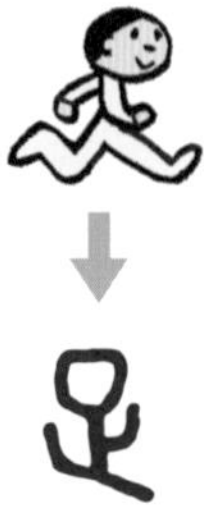

⑤
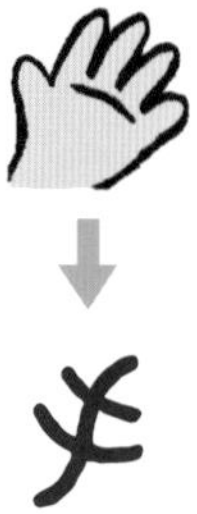

一つ4てん【20てん】

かん字と　えの
かたちとを
くらべて　みてね。

クイズ

「目《め》」の　下《した》に　ひげを　つけると　できる　かん字は、どれかな。

①月《つき》　②貝《かい》　③口《くち》

こたえ ▶ 94ページ

36

かん字《じ》の ちしき

かん字の よみかた

もくひょう 10ぷん

がつ にち

とくてん てん

1 ——せんの かん字《じ》の よみがなを、□から えらんで かきましょう。 一つ3てん【18てん】

① 足

遠《えん》足（　　）

足（　　）あと

千円《せんえん》で 足（　　）りる。

② 小

小（　　）さい 犬《いぬ》。

小（　　）学生《がくせい》

小（　　）川《がわ》が ある。

しょう　そく　ちい　た　お　あし

2 ——せんの かん字の よみがなを かきましょう。 一つ4てん【32てん】

①
日（　　）よう日
三日（　　）前《まえ》

②
へやに 入（　　）る。
はこに 入（　　）れる。

③
林（　　）の 中《なか》。
森林（　　）こうえん

④
木《き》の 下（　　）。
山《やま》を 下（　　）る。

3 ――せんの かん字《じ》の よみがなを かきましょう。

一つ7てん【35てん】

①
三《さん》百円《えん》の おかし。
五《ご》百円玉《だま》
六《ろっ》百円 はらう。

②
青《あお》い 空。
青空が ひろがる。

いろいろな よみかたが ある かん字は、一《ひと》つずつ おぼえて いこうね。

4 ――せんの かん字の よみがなを かきましょう。

一つ3てん【15てん】

①生まれたばかりの ②子ねこを 学校《がっこう》に つれて いくと、③女子が あつまりました。「④生きものを 大切《たいせつ》に しましょうね。」と、⑤先生が いいました。

①
②
③
④
⑤

クイズ

「本《ほん》名を なのる。」の 「名」の よみかたは、つぎの どれかな。

①めい ②みょう ③な

こたえ ▶ 95ページ

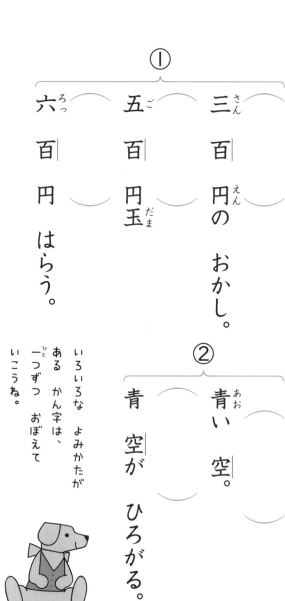

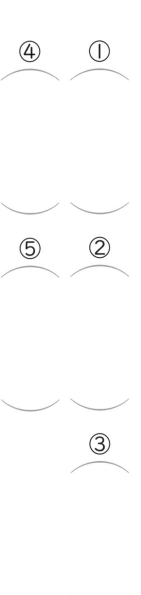

37 かん字《じ》の ちしき

まちがえやすい かん字

もくひょう 10ぷん

がつ　にち

とくてん　　てん

1 文《ぶん》に あう ほうの かん字《じ》を、○で かこみましょう。 一つ4てん【32てん】

① ｛大／犬｝きな ｛大／犬｝が いる。

② ｛白／百｝円《えん》の ｛白／百｝い ハンカチ。

③ ｛本／木｝よう日《び》に 絵《え》｛本／木｝を かった。

④ ｛石／右｝手《て》に 小《こ》｛石／右｝を もつ。

2 かたちに 気《き》を つけて、□に かん字を かきましょう。 一つ4てん【16てん】

① つくえの □（した）に かくれる。
ぶたいの □（うえ）で うたう。

② □（はや）く おきる。
にわの □（くさ）を かりとる。

それぞれ にて いる かん字が 入《はい》るよ。

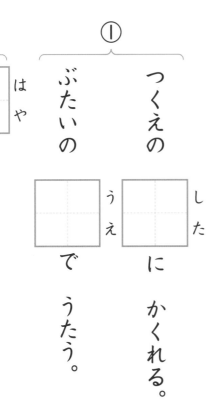

3 かたちの にた かんじに 気《き》を つけて、□に かんじを かきましょう。

一つ4てん【32てん】

① □《おう》さまは、目《め》□《だま》やきが すきだ。

② 男《おとこ》の □《ひと》が □《はい》って きた。

③ □《がっ》校《こう》で かん□《じ》を ならう。

④ うみべで □《かい》を □《み》つけた。

4 ふとい ところは、なんばんめに かきますか。□に かずを かんじで かきましょう。

一つ5てん【20てん】

れい 六 二

① 右 □

② 左 □

③ 火 □

④ 土 □

ゆびで なぞって たしかめよう。

クイズ

「正」の かきじゅんは、つぎの どれかな。

① 一 丅 下 正 正 ② 一 二 下 正 正 ③ 一 丅 丅 正 正

こたえ ▶ 95ページ

38

かん字《じ》の ちしき

日《ひ》づけと よう日《び》

もくひょう 10ぷん

がつ にち

とくてん てん

1 日《ひ》づけを じゅんばんに ならべます。（　）に あう 日づけを、□から えらんで かん字《じ》で かきましょう。 【一つ5てん【20てん】】

一日《ついたち》 → （　） → 三日《みっか》 → 四日《よっか》 → （　） → 六日《むいか》 → 七日《なのか》 → （　） → 九日《ここのか》 → （　）

ようか　ふつか　はつか
とおか　いつか

2 つぎの カレンダーを 見《み》て、（　）に あう ことばを かん字で かきましょう。 【一つ6てん【18てん】】

① この 月《つき》は、何日《なんにち》まで ありますか。（　）

② 六日は、何《なん》よう日ですか。（　）

③ 十五日《じゅうごにち》は、何よう日ですか。（　）

日《にち》	月《げつ》	火《か》	水《すい》	木《もく》	金《きん》	土《ど》
		1	2	3	4	5
6	7	8	9	10	11	12
13	14	15	16	17	18	19
20	21	22	23	24	25	26
27	28	29	30	31		

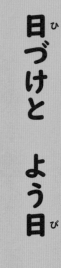

3 ――せんの かん字《じ》の よみがなを かきましょう。

一つ4てん【32てん】

① 一月《いちがつ》 一日（　　　　）

② 二月《にがつ》 二日（　　　　）

③ 四月《しがつ》 五日（　　　　）

④ 五月《ごがつ》 六日（　　　　）

⑤ 六月《ろくがつ》 七日（　　　　）

⑥ 七月《しちがつ》 八日（　　　　）

⑦ 八月《はちがつ》 九日（　　　　）

⑧ 九月《くがつ》 十日（　　　　）

日《ひ》づけは とくべつな よみかたも あるから、一《ひと》つずつ おぼえよう。

4 □に よう日の かん字を かきましょう。

一つ5てん【30てん】

・日《にち》よう日 → げつ□よう日 → か□よう日 → すい□よう日 → もく□よう日 → きん□よう日 → ど□よう日

よう日の かん字は よく つかうから しっかり おぼえようね。

クイズ

「一月二十日」は、なんと よむかな。

① いちがつふつか ② いちがつとおか ③ いちがつはつか

こたえ ▶ 95ページ

39 かくにんテスト⑦

なまえ

もくひょう 15ふん

がつ　にち

とくてん　てん

読む力

1 つぎの 文《ぶん》しょうを よんで、もんだいに こたえましょう。〔28てん〕

大《おお》きな お日《つき》さまが、山《やま》の
かげに かくれた。林《むら》まつりの
たいこの 音《おと》が きこえて くる。
百《しろ》い はっぴを きた 男《おとこ》の
入《ひと》が、ふえを ふいて いる。

① かん字《じ》の まちがいを 四《よっ》つ 見《み》つけて ×を つけ、□に 正《ただ》しく かきましょう。（一つ5てん〔20てん〕）

一《ひと》つめ □

二《ふた》つめ □

三《みっ》つめ □

四つめ □

② ——せんの かん字の もとに なった えを つぎから えらび、きごうを かきましょう。（8てん）

ア　イ　ウ　エ

（　　）

2 ——せんの かん字の よみがなを かきましょう。（一つ5てん〔15てん〕）

月《げつ》よう日《び》（　　）
↓
火 よう日（　　）
↓
水 よう日（　　）
↓
木《もく》よう日（　　）
↓
金 よう日（　　）

3 ——せんの　かん字《じ》の　よみがなを　かきましょう。　一つ3てん【21てん】

①
正しい　こたえ。（　）
正かくな　じこく。（　）
お正月《がつ》（　）（　）
正ゆめを　見《み》る。（　）

②
空色《いろ》の　ペン。（　）
空きかん（　）
空気《き》を　すう。（　）

4 つぎの　文《ぶん》から、かん字の　まちがいを　一《ひと》つずつ　見《み》つけて　×を　つけ、□に　ただしく　かきましょう。　一つ8てん【24てん】

① 玉《おう》さまが　子犬《こいぬ》を　つれて　いる。

② 学校《がっこう》で　早《くさ》むしりを　する。

③ 先生《せんせい》は、青《あお》い　ひょうしの　木《ほん》を　もって　いらっしゃる。

□　□　□

5 ふとい　ところは、なんばんめに　かきますか。（　）に　数字《すうじ》を　かきましょう。　一つ3てん【12てん】

① 子（　）

② 九（　）

③ 小（　）

④ 女（　）

こたえ ▶ 95ページ

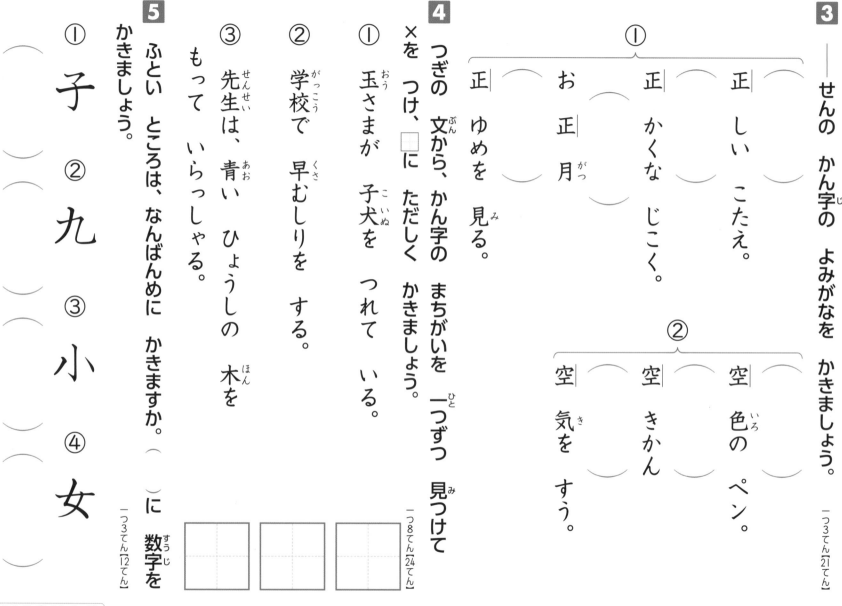

40 まとめテスト①

なまえ

もくひょう 15ふん

がつ　にち

とくてん　てん

読む力

1 つぎの 文《ぶん》しょうを よんで、もんだいに こたえましょう。〔25てん〕

(1)きのお、(2)としょかんへ いきました。
ぼくは、(3)きようりゆうの 本《ほん》を
よみました。(4)おとおとは、虫《むし》の
本を よんで いました。
そして、本を 三《さん》□ かりました。

① ――せんの ことばには、字《じ》の まちがいが あります。正《ただ》しく かきなおしましょう。〔一つ5てん（20てん）〕

(1)（　　）　(2)（　　）

(3)（　　）　(4)（　　）

② □に あう、かずを かぞえる ことばを ひらがなで かきましょう。（5てん）

（　　）

2 えの ものは、いくつ ありますか。かずを かん字で、かぞえる ことばを ひらがなで かきましょう。〔一つ5てん（10てん）〕

①

（　　）

②

（　　）

3

えを 見《み》て、□に あう ことばを かきましょう。 一つ5てん【35てん】

① 

□□□

② 

□□□

③ 

□□□

④ 

い□□

⑤ 

ち□□□

⑥ 

お□□□

⑦ 

き□□□□□

書く力

4

えに あうように、――せんの ことばを 正《ただ》しく なおして、（　）に 文《ぶん》ぜんたいを かきなおしましょう。 一つ15てん【30てん】

① 「こんばんは。」と、あさの あいさつを しました。

（　　　　　　　　　　）

② 「ごちそうさま。」と いって、ふとんに 入《はい》りました。

（　　　　　　　　　　）

こたえ ▶ 96ページ

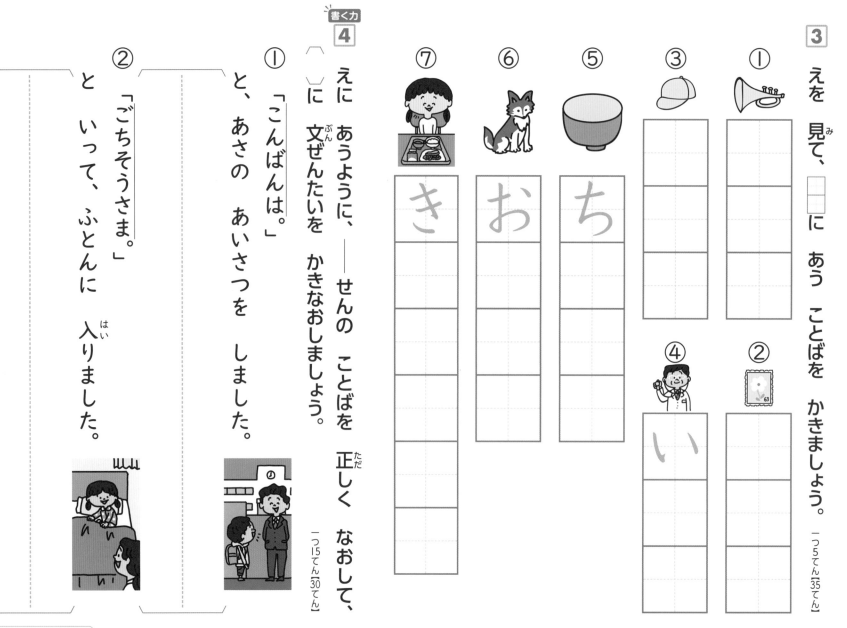

なまえ

もくひょう 15ふん

がつ　にち

とくてん　　てん

読む力

1 つぎの　文《ぶん》しょうを　よんで、もんだいに　こたえましょう。【30てん】

きのう、(1)ヲジオで　(2)ピマノと　(3)バイオリソの　えんそうを　ききました。

おかあさんは、(4)コーセーを　のみながら、えんそうを　きいて　いた。

① ——せんの　ことばには、字《じ》の　まちがいが　あります。正《ただ》しく　かきなおしましょう。 一つ5てん(20てん)

(1)（　　）　(2)（　　）

(3)（　　）　(4)（　　）

② ［　］の　ことばを、「ていねいな　いいかた」に、かきなおしましょう。 (10てん)

（　　）

2 えに　あう　かたかなの　ことばを　かきましょう。 一つ5てん【10てん】

①

ロ

②

シ

3 えを 見《み》て、□に 入《はい》る ことばを かきましょう。 一つ5てん【30てん】

① だれ(なに) □ が、 なに □ を どう する □。

② だれ(なに) □ が、 どこ □ へ どう する □。

書く力

4 つぎの 文《ぶん》の □に、「わ・は・お・を・え・へ」の どれかを 入《い》れて、文ぜんたいを かきなおしましょう。 一つ15てん【30てん】

① □たし□、□りがみ□ おりました。

② □とうさん□、□き□ いきました。

こたえ ▶ 96ページ

42 まとめテスト③

なまえ

もくひょう 15ふん

がつ　にち

とくてん　　てん

読む力

1 つぎの 文《ぶん》しょうを よんで、もんだいに こたえましょう。【25てん】

ボールが まどに ぶつかって、ガラスが
[(1)]と われると、[(2)] ねて
いた □《いぬ》が、とびおきました。
すると、[(3)]と ドアを たたく
□《おお》きな 音《おと》が しました。

① □に あう ことばを、□ から えらんで （ ）に かきましょう。（一つ5てん〔15てん〕）

(1)（　　） (2)（　　） (3)（　　）

ころころ　すやすや　ドンドン　ガチャン

② □に あう かん字《じ》を かきましょう。（一つ5てん〔10てん〕）

□《いぬ》・□《おお》きな

2 なかまの ことばを、□に かん字で かきましょう。（一つ5てん【15てん】）

いろ

① □《あか》

② □《あお》

③ □《しろ》

3 つぎの よみかたを する、日《ひ》づけを あらわす かん字《じ》を かきましょう。

一つ10てん【20てん】

① ごがつ いつか

② じゅういちがつ ついたち

4 かきじゅんが 正《ただ》しい ほうに、○を つけましょう。

一つ5てん【10てん】

① ア（　）く女女
イ（　）一女女

② ア（　）丿人火火
イ（　）丶丷少火

書く力

5 つぎの 文《ぶん》の □に、まる（。）か てん（、）か かぎ（「」）の どれかを つけて、文ぜんたいを かきなおしましょう。

一つ15てん【30てん】

① ひろばには□きれいな はっぱが□たくさん おちて いました□

② □まるで じゅうたんみたいだね□ と、けんとさんが いいました□

こたえ ▶ 96ページ

こたえとアドバイス

おうちの方へ

▼まちがえた問題は、何度も練習させましょう。

▼アドバイスも参考に、お子さまに指導してあげてください。

※①から⑤までの答えは省略。

クイズ ①② ②② ③③ ④① ⑤②

6 ひらがなの ことば 15～16ページ

1 ①くり ②はな ③かき ④さる ⑤なす ⑥かめ

2 ①す—み—れ ②き—つ—ね ③う—き—わ

3 ①

は	は	は	は
ち	さ	と	
み	み		
つ			

②

			き
		つ	つ
	つ	み	つ
き	き	き	き

4 ①~~る~~→せんろ ②~~ね~~→ひまわり ③~~は~~→たけのこ ④~~も~~・~~ま~~→さつまいも

クイズ ③

アドバイス

4 ①「る」と「ろ」、②「ね」と「わ」、③「は」と「け」、④「も」と「ま」を識別させます。書き直すときは、正しく整った字形で書かせましょう。

7 かくにんテスト① 17～18ページ

1 ①(1)も (2)い (3)み ②かき

2 ①いぬ ②いわ ③ほし ④りす

3 ①き ②す ③は ④せみ ⑤ねこ ⑥ほたる ⑦つくし

4 ①はた ②たこ ③こい ④いるか ⑤かたつむり

アドバイス

2 「ぬ」や「わ」など字形をまちがえやすいものは、5～14ページにある文字を、指で何度もなぞらせましょう。

8 「゛」や「゜」のつく ことば① 19～20ページ

1 ① かき かぎ ③ いか いが ⑤ まと まど

② たい だい ④ こま ごま

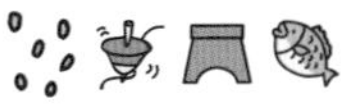

2 ①ぶ ②ぼ ③ぴ ④べ

3 ①ば ②ず ③ぽ ④ど・ぐ ⑤ぷ ⑥ぽぽ

4 ①ぶた・ざる・かき ②さる・まど・かぎ

クイズ ②(ふぐ)

アドバイス

4 「だれ」が、「なに」に(の)、「なに」を、の関係を理解させます。

9 「゛」や「゜」のつく ことば② 21～22ページ

1 ①かぶ ②ゆびわ ③そば ④りんご ⑤くぎ ⑥だんご

2 ①ぽ ②ぺ ③ぴ

3

	て		
た	ん	ぽ	ぽ
	ぷ		
	ら	く	だ
		じ	
		ら	

	め		
か	が	み	
	ね	ず	み

4 ①とりが ばねを のばす。 ②ぶたが ふだを あげる。

クイズ ③(ごま)

アドバイス

4 文を読ませ、濁点の有無で全く別の言葉になることを実感させましょう。

10 のばす おんの つく ことば① 23〜24ページ

1 ①おかあさん ②けいさん ③ゆうひ ④おねえさん ⑤ぶどう

2 ①い ②う ③う ④い ⑤う ⑥お

3 ①あ ②い ③う ④え ⑤お ⑥う

4 ①い ②う ③う ④お ⑤い ⑥う ⑦う ⑧い

クイズ ③

アドバイス

1〜**4** 「エー」とのばす音は「い」、「オー」とのばす音は原則「う」ですが、それぞれ「え」「お」と書くこともあることを、確認しましょう。

11 のばす おんの つく ことば② 25〜26ページ

1 ①ばあ ②とう ③おとうと ④いもうと ⑤じい

2 ①すもう ②こおろぎ ③ぼうし ④ふくろう

3 ①きのう ②おねえ(さん) ③ほうれんそう ④ごぼう ⑤おおきい ⑥とうもろこし

4 ひこうきがとぶ。

クイズ ②

アドバイス

1〜**3** オ列の長音は、多くの場合「う」と表記します。「こおろぎ」「おおきい」など、「お」と書くものは、表記を覚えさせましょう。

4 長音を含む言葉の表記に気をつけて、文を書けるように指導してください。

12 かくにんテスト② 27〜28ページ

1 ①(1)きのう (2)おにいさん (3)こうえん ②(4)ぶらんこ (5)にじ

2 ①ばね ②まど ③たい ④ふぐ ⑤くぎ

3 ①い ②ぴ ③ぶ ④う ⑤ぼ ⑥ぷ ⑦じ ⑧お

アドバイス

1 ①長音、②濁音の問題です。――線の言葉を正しく直し、空欄の言葉を補い、全文をノートに書かせてみるとよいでしょう。

13 ちいさい「ゃ・ゅ・ょ・っ」の つく ことば① 29〜30ページ

1
① ― かしや
② ― かしゃ
③ ― おもちや
④ ― おもちゃ
⑤ ― いしや
⑥ ― いしゃ
⑦ ― びょういん
⑧ ― びよういん

2 ①がっき ②ちょきんばこ ③きって ④ちゃわん

3 ①っ ②ゃ ③っ ④ゅ ⑤ょ ⑥っ

4 ①がっこう ②しょっき ③でんしゃ ④きょうりゅう

クイズ ①

アドバイス

1 「いしや」は石屋、「いしゃ」は医者など、拗《よう》音に変わると別の言葉になることに注意させましょう。また、拗音は二字を一音で発音すること(しゃ)もおさえさせましょう。

14 ちいさい「ゃ・ゅ・ょ・っ」の つく ことば② 31〜32ページ

1 ①おもちゃ ②きゅうり ③かぼちゃ ④じゃがいも ⑤ぎゅうにゅう

2 ①きって ②しっぽ ③はっぱ ④ねっこ

3 ①はいし(や)・い(つ)てから・きんじ(よ) ②はら(つ)ぱ・ね(つ)こ・き(ゆ)うきゅうし(や)・び(よ)ういん

4 ・ぎょ ・ばっ ・ちょう

クイズ ②

アドバイス

1・**2**・**4** 小さく書く「ゃ・ゅ・ょ」や「っ」は、どれもます目の右上に小さく書くように指導してください。

15 あいさつ　33〜34ページ

1 え → う → あ → い → か → お

2 ①こんにちは　②ありがとう　③ごめんなさい　④こんばんは

3 ①はい、そうです。 ②いいえ、ちがいます。

クイズ ③

アドバイス

1 いろいろなあいさつの言葉は、生活の習慣として身につけさせましょう。

2 ①「こんにちは」、④「こんばんは」の「は」を「わ」と書かないように注意させます。

3 肯定の「はい」と否定の「いいえ」は、意思表示の基本です。話し言葉としても、しっかり言えるようにさせましょう。

16 ものを　かぞえる　ことば　35〜36ページ

1 ①―四こ　②―三にん　③―六まい　④―五さつ　⑤―二だい

2 ①六ぽん　②三ぼん　③二わ　④三びき　⑤八ぴき

3 ①けん　②ぼん　③わ　④まい　⑤こ　⑥さつ

4 ①ひき　②そく　③こ　④だい

クイズ ②

アドバイス

1 りんごなどまとまった固形のものは「個」、人は「人」、紙など薄いものは「枚」、本やノートは「冊」、車は「台」などと数えます。

2 ⑤は、「八」を「はち」と読んで、「はちひき」ともいいます。

4 ①動物は、小さい動物は「匹」、大きい動物は「頭」と数えることが多いです。

17 かくにんテスト③　37〜38ページ

1 ①(1)しょうがっこう　(2)きゅうしょく　②いただきます

2 ①ひき　②ほん　③さつ　④まい

3 ①ぎゅうにゅう　②びょういん・いしゃ　③きゅうり・じゃがいも

4 ①あかちゃん　②にっこり　③しっかり　④あくしゅ

アドバイス

3 「ぎゅう にゅう」「びょういん」「きゅうり」の――の部分は拗長音《ようちょうおん》です。表記と発音を身につけさせましょう。

18 「は」「を」「へ」の　つかいかた　39〜40ページ

1 ①は　②を　③へ

2 ①は・へ　②を・へ　③へ・を

3 ①は・を　②を（は）　③は・へ

4 ①わたしは｜がっこうへ｜いきます。 ②はとは｜そらを｜とびます。 ③おとうさんを｜むかえに、えきへ｜いきます。

クイズ ③

アドバイス

1 助詞「は・を・へ」は、言葉の後に付き、文の中での意味や関係を表します。「は」は主語を示したり、とりたてて示したりするときに使います。「を・へ」は、動作の対象・方向をはっきりさせる働きがあります。

3 ②は、「ねこは……」でも、文としての意味は通ります。この場合は、「ねずみはねこが　おい、ねこは　きつねが　おう。」の意味になります。

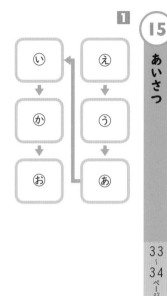

19 だれが どう する　41～42ページ

1
①うさぎが ―― およぐ。
②りすが ―― ころぶ。
③ねこが ―― はしる。
④きりんが ―― ねむる。
⑤くまが ―― なく。

2 ①さる　②ことり

3 ①ほえる　②ふうせん　③あかちゃん・わらう

4 ①かえる・うたう　②ぞう・かく

クイズ　③

アドバイス

2 絵をよく見て、歩いているのはだれ（何）か、飛んでいるのはだれ（何）かをつかませましょう。

3 「どう する」の□には、動作を表す言葉が入ることを確認させましょう。

20 だれが なにを どう する　43～44ページ

1 ①さる・かき　②かに・くり　③いぬ・りんご

2 りす・ほんやさん・いく

3 ・（ねこ）・のむ　・うさぎ・はしる　・わに・のぼる〈二つめ・三つめは順不同〉

4 ①かめが、ほんを よむ。
②りすが、かおを あらう。
③ぞうが、えきへ いく。

クイズ　②

アドバイス

1 助詞の「は」と「を」に着目させて、絵に描かれている主語と「買う」動作の対象をはっきりさせてから、「だれ（何）は 何を 買う。」の文の組み立てを理解させてください。

4 動作の対象には「を」、方向には「へ」をつけて、主語・修飾語・述語からなる文を作らせ、文の組み立てを理解させましょう。

21 ていねいな いいかた　45～46ページ

1 ①△　②○　③△　④○　⑤△　⑥○

2 ①とびます　②むしです　③でましょう

3 ①うたう　②きれいだ　③しよう　④やさいだ

4 ①ぼくの いえには、いぬが いる。
②あげはは、ちょうの なかまだ。
③たろうさんは、とても げんきです。

クイズ　③

アドバイス

1 文末表現で、「です」「ます」「ましょう」で結ぶ言い方が「ていねいな言い方（敬体）」で、「だ」「である」で結ぶ言い方が「ふつうの言い方（常体）」です。まず、この言い方の違いをはっきり理解させましょう。

22 まる・てん・「　」（かぎ）の つかいかた　47～48ページ

1 ①○　②△　③△　④△　⑤○　⑥△

2 ①（　）（○）　②（　）（○）

3 きょう、こうえんでなわとびをしました。はやしさんが、「とてもじょうずだね。」と、ほめてくれました。

4 ①「えきは、どこですか。」と、たずねました。
②「あした、つりにいこう。」と、おとうさんがいった。

クイズ　③

アドバイス

1・**3** 句点（。）は文の終わりにつけるという、符号のつけ方の基本をおさえさせましょう。読点（、）は、意味の切れ目、主語の後や日時を表す言葉、副詞、接続語（つなぎ言葉）などの後につけます。

23 かくにんテスト④ 49〜50ページ

1 ①おむすびを
②(1)お (2)は (3)へ (4)を (5)へ (6)お

2 ひだり~~え~~へ まがると や~~を~~おやさんが ある。

3 ①いきません ②あめだろう
③かさです

4 ①**れい** えき・いく
②**れい** ねこ・ほん・かう

アドバイス

1 「は」「へ」は、言葉の初めや中にも使いますが、「を」は助詞のみに使われる字で、つねに言葉の後につきます。

3 ①「〜ない」を敬体に直すと「〜ません」になることを教えましょう。②の「〜でしょう」は「〜だろう」のていねいな言い方です。

※24から28までの答えは省略。

クイズ 24 ③ 25 ③ 26 ① 27 ② 28 ①

29 かくにんテスト⑤ 61〜62ページ

1 ①(1)ケーキ (2)テレビ (3)サッカー
(4)シャツ
②アイロン

2

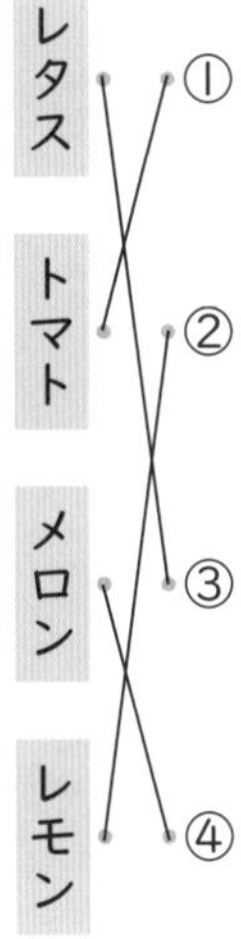

3 ①ア ②ウ ③シ ④ソ ⑤ツ ⑥ヌ ⑦ネ
⑧ヲ

4 ①クレヨン ②プリン ③ミシン ④マイク
⑤タオル ⑥テーブル

アドバイス

4 「シーソ」「シーツ」「マーア」など、かたかなには字形の似ているものがたくさんあります。

30 かたかなで あらわす ことば① 63〜64ページ

1 ①ロボット ②スケート ③キャベツ
④チョーク ⑤セーター
⑥シュークリーム

2 ①メロン ②シーソー ③オムレツ

3 ①スープ ②サラダ ③パンダ ④ギター

4 ①ヨット ②シャツ ③チューリップ

クイズ ②

アドバイス

3 かたかなの濁点・半濁点の書き方は、ひらがなの場合と同じです。書く位置に注意させましょう。

4 かたかなの拗音《ようおん》（シャ・シュ・ショなど）の「ャ・ュ・ョ」や、促音「ッ」は、ます目の右上に小さく書かせましょう。

31 かたかなで あらわす ことば② 65〜66ページ

1 ①トラック ②バス ③タクシー
④クレーン ⑤ヘリコプター

2 ①コアラ ②ペンギン ③ゴリラ
④ライオン

3 ①ワンワン ②ゴロゴロ ③ビュービュー
④ピヨピヨ

4 ①バット ②ノート ③テレビ ④ズボン
⑤ジャム ⑥カーテン

クイズ ③

アドバイス

1 ほかに、かたかなで書く乗り物の名前を考えて言わせてみましょう。「ダンプカー・オートバイ・モノレール」など、たくさんあります。

4 ここで書かせる言葉は、外国から来たものの名前です。①の促音「ッ」、②・⑥の長音記号「ー」、⑤の「ジャ」の表記などに注意して書かせてください。

32 ようすを あらわす ことば 67〜68ページ

1
①くるくる ②ふわふわ ③ぷんぷん ④すやすや ⑤つるつる ⑥サクサク ⑦ザーザー ⑧ずらりと

2
①すくすく ②すいすい ③ぱくぱく ④そよそよ

3
・大きな（くつは）白い
・小さな（くつは）赤い 〈順不同〉

クイズ ②

アドバイス
①「すわる」⑤「うたう」は、動きを表す言葉（動詞）、⑥「トンネル」は、名前を表す言葉（名詞）です。

2
（○）（○）

3
バス・デパート・レストラン・ケーキ・タクシー 〈順不同〉
花…たんぽぽ・ばら・チューリップ・ひまわり 〈順不同〉
やさい…にんじん・だいこん・たまねぎ・きゅうり 〈順不同〉

4
①「どんな いろですか」と問われているので、色について書かれた部分を探します。
②「あたたかい」は、ものの温度が熱すぎずちょうどよいことを表す言葉です。

33 なかまの ことば 69〜70ページ

1
①エ ②ウ ③イ ④オ ⑤ア

2
①文ぼうぐ
②しょっき
③のりもの
えんぴつ／電車／ちゃわん／バス／ノート／さら

3
①むし ②はな ③とり

4

ウ
├ くだもの（ぶどう）（バナナ）
└ やさい（かぼちゃ）（トマト）

クイズ ③

アドバイス
一つ一つの名前（下位語）と、それらをまとめていう言葉（上位語）の関係をとらえさせましょう。

34 かくにんテスト⑥ 71〜72ページ

1
①(1)そよそよ (2)ふわふわ
②・ふうせん…赤（いいろ）
　・花…白（いいろ）

35 かん字の なりたち 73〜74ページ

1
日・川・山・林・田

2
水・竹・雨・月

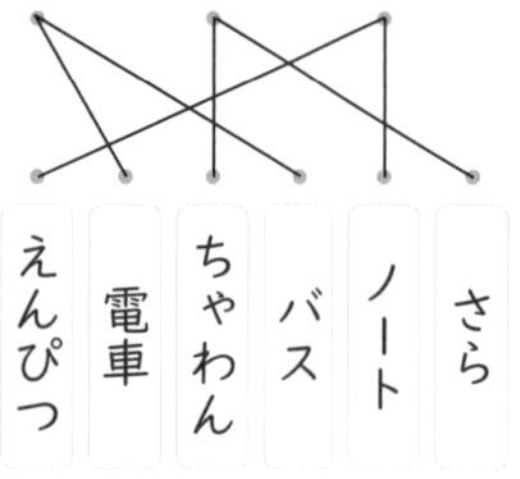

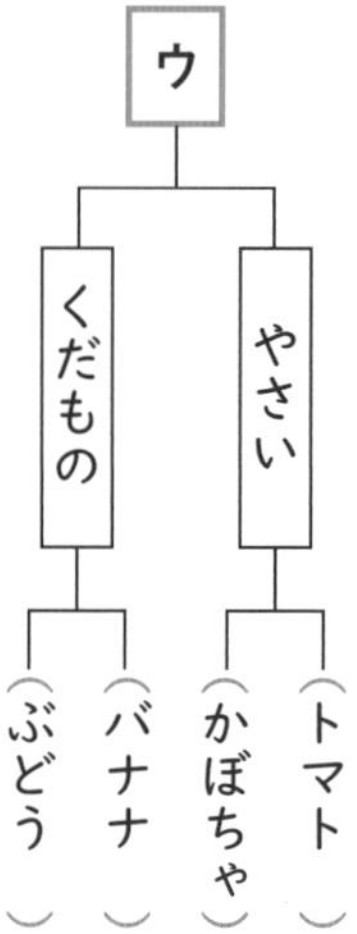

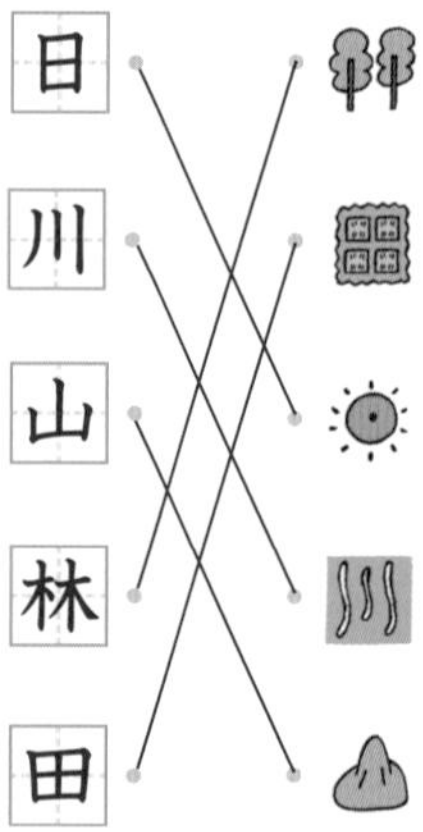

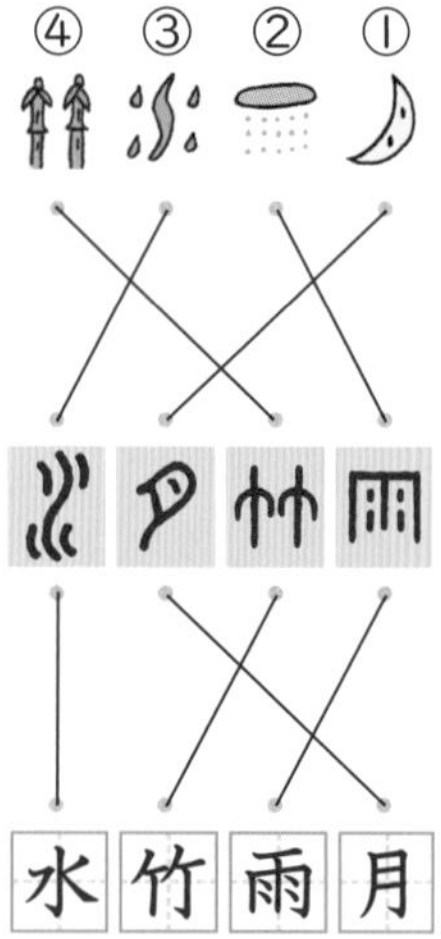

3
①木 ②下 ③火 ④人 ⑤石 ⑥森 ⑦上 ⑧中

4
①耳 ②口 ③目 ④足 ⑤手

クイズ ②

アドバイス
「木・火・人・石」は象形文字、「下・上・中」は指事文字です。「森」は会意文字（二つ以上の字の意味を合わせて新しい文字を作ったもの）で、木を三つ並べ、「もり」を表したものです。

36 かん字の よみかた
75〜76ページ

1 ① そく／あし／た　② ちい／しょう／お

2 ① にち／みっか　② はい／い　③ はやし／しんりん　④ した／くだ

3 ① びゃく／ひゃく／ぴゃく　② そら／ぞら

4 ①う　②こ　③じょし　④い　⑤せんせい

クイズ ②

アドバイス

1・**2** 複数の音読みや訓読みをもつ漢字は、使い方とあわせて読み方を覚えさせましょう。

3 漢字は、他の漢字と組み合わさったときに読み方の一部が変わることがあることをおさえさせましょう。

37 まちがえやすい　かん字
77〜78ページ

1 ①大・犬　②百・白　③木・本　④右・石

2 ① 下／上　② 早／草

3 ①王・玉　②人・入　③学・字　④貝・見

4 ①二　②一　③二　④一

クイズ ①

アドバイス

1・**3** 字形のよく似た漢字の書き分けです。違う部分に注目させましょう。

4 字形は似ていても筆順が異なる漢字に注意させてください。

「左・右」は、一・二画めの筆順が逆になることを確認させます。「左」は横画を先に、「右」は左はらいを先に書きます。

38 日づけと よう日
79〜80ページ

1 二日・五日・八日・十日

2 ①三十一日　②日よう日　③火よう日

3 ①ついたち　②ふつか　③いつか　④むいか　⑤なのか　⑥ようか　⑦ここのか　⑧とおか

4 月・火・水・木・金・土

クイズ ③

アドバイス

1 日づけを漢字で書く問題です。日づけの漢字の読み方をまちがえたら、声に出して何度も読ませましょう。

3 ①「一日」は「いちにち」という読み方もありますが、日づけとして読むときは「ついたち」という読み方になります。

4 一週間の曜日の並び方を確認させます。ここでは、日曜日から土曜日の順に並んでいることをとらえさせましょう。

39 かくにんテスト⑦
81〜82ページ

1 ①（一つめ）お~~日~~さま→月
（二つめ）~~林~~まつり→村
（三つめ）~~百~~い→白
（四つめ）~~大~~が→人

②エ

2 か・すい・きん

3 ① ただ／せい／しょう／まさ　② そら／あ／くう

4 ①~~玉~~さま→王　②~~早~~むしり→草　③~~木~~→本

5 ①3　②1　③2　④1

アドバイス

4 まちがいの漢字のほうの、読みと意味もわかっているか、確かめてみましょう。

5 ①「子」の筆順は「フ→了→子」で、三画で書きます。

40 まとめテスト① 83～84ページ

1 ①(1)きのう　(2)としょかん　(3)きょうりゅう
(4)おとうと
②さつ

2 ①二だい　②四わ

3 ①らっぱ　②きって　③ぼうし　④いしゃ
⑤ちゃわん　⑥おおかみ　⑦きゅうしょく

4 ① れい 「おはようございます。」
と、あさの　あいさつを　しました。
② れい 「おやすみなさい。」
と　いって、ふとんに　入りました。

アドバイス

1 ①(2)「としょかん」、(3)「きょうりゅう」は、文字のとおりに声に出して読ませ、不自然さに気づかせましょう。

2 ②「わ」(羽)は、鳥を数えるときに使う助数詞です。ふつうは「わ」と読みますが、「六羽・八羽・十羽・百羽」などは「ぱ」と読むこともあります。また、「三」につくときは「ば」ともいいます。

3 ③「ぼうし」など、「オー」とのばして発音するものは原則として「う」と書きますが、⑥「おおかみ」をはじめ「こおろぎ」「こおり」などは例外として「お」と書きます。

4 絵を見て、場面に合ったあいさつを考えます。①は朝、校門で先生に会ったときのあいさつなので、ていねいな言い方で「おはようございます」と書きかえます。②は夜、寝る前に家の人にするあいさつなので、「おやすみなさい」と書きかえます。

41 まとめテスト② 85～86ページ

1 ①(1)ラジオ　(2)ピアノ　(3)バイオリン
(4)コーヒー
②いました

2 ①メロン　②シール

3 ① れい　ぞう・りんご・たべる
② れい　かめ・うみ・いく

4 ①わたしは、おりがみを　おりました。
②おとうさんは、えきへ　いきました。

アドバイス

1 外来語は、基本的にかたかなで表記することをここでも確認させましょう。

3 絵の内容に合っていれば、ほかの言葉でも正解とします。

4 「ワ・エ・オ」と発音するものは基本的に「わ・え・お」と書きますが、文節の終わりにつく助詞は「は・へ・を」と書くことを、あらためて確かめさせましょう。

42 まとめテスト③ 87～88ページ

1 ①(1)ガチャン　(2)すやすや　(3)ドンドン
②犬・大

2 ①赤　②青　③白

3 ①五月五日　②十一月一日

4 ① ア（○）イ（　）　② ア（　）イ（○）

5 ①ひろばには、きれいな　はっぱが、たくさん　おちて　いました。
②「まるで　じゅうたんみたいだね。」と、けんとさんが　いいました。

アドバイス

1 ①(2)「すやすや」は、静かによく眠っている様子を表します。

3 ②「一日」(ついたち)は熟字訓です。漢字一つ一つの読み方に関係なく、熟語全体で「ついたち」と読みます。ほかに、「二日」(ふつか)、「二十日」(はつか)も熟字訓です。

4 筆順をまちがえやすい漢字の問題です。「女」の筆順は「く→乄→女」で、三画で書きます。正しい順序で書くことは、形が整った字を書くことにもつながります。

5 句読点やかぎ(「　」)などの符号の使い方のおさらいです。句点は文の終わり、読点は文の中での意味の切れ目につけます。かぎはおもに会話文に使いますが、心の中で思ったことや引用部分などにも使われます。